edition suhrkamp

Redaktion: Günther Busch

Bertolt Brecht, geboren am 10. Februar 1898 in Augsburg, starb am 14. August 1956 in Berlin. *Schweyk im zweiten Weltkrieg,* 1944 beendet, uraufgeführt 1956 in Warschau, deutsche Erstaufführung am 20. Juni 1959 an den Städtischen Bühnen Frankfurt am Main.

Im *Schweyk* sieht Brecht den »echt unpositiven Standpunkt des Volkes, das eben das einzige Positive selbst ist und daher zu nichts anderem ›positiv‹ stehen kann«. Schweyk ist »lediglich der Opportunist der winzigen Opportunitäten, die ihm geblieben sind. Er bejaht aufrichtig die bestehende Ordnung, soweit er eben ein Ordnungsprinzip bejaht, sogar das Nationale, das er nur als Unterdrückung trifft. Seine Weisheit ist umwerfend. Seine Unzerstörbarkeit macht ihn zum unerschöpflichen Objekt des Mißbrauchs und zugleich zum Nährboden der Befreiung.«

»Welch lapidare Kraft steckt in dem Stück. Welch rätselhafte Poesie in den Liedern. Wie exemplarisch ist die Gestalt des Schweyk gezeichnet, mit wie wenig Strichen ist das Zeitalter der Angst und Unsicherheit skizziert. Es ist das Stück des kleinen Mannes und seines Verhaltens in der Diktatur schlechthin.« *Hans Schwab-Felisch*

Bertolt Brecht
Schweyk im zweiten Weltkrieg

Suhrkamp Verlag

Geschrieben 1941–1944
Musik: Hanns Eisler

edition suhrkamp 132
Erste Auflage 1965
Copyright 1957 by Suhrkamp Verlag, Berlin. Diese Ausgabe folgt
unverändert der Einzelausgabe *Schweyk im zweiten Weltkrieg*,
21.–30. Tausend, Frankfurt am Main 1962. Printed in Germany.
Alle Rechte vorbehalten, insbesondere das der Übersetzung, des
öffentlichen Vortrags, des Rundfunkvortrags und der Verfilmung,
auch einzelner Abschnitte. Das Recht der Aufführung ist nur vom
Suhrkamp Verlag, Frankfurt am Main zu erwerben.
Druck: Nomos Verlagsgesellschaft, Baden-Baden.
Gesamtausstattung Willy Fleckhaus.

14 15 16 – 89 88

Schweyk im zweiten Weltkrieg

Die hier abgedruckte Fassung ist der Text des mit Brechts Korrekturen versehenen Originalmanuskripts. Die gründliche Durchsicht für eine Veröffentlichung wurde von Brecht nicht mehr vorgenommen, da weder die Buchausgabe noch eine Inszenierung des Stücks unmittelbar bevorstand. E. H.

Personen

Schweyk, *Hundehändler in Prag*
Baloun, *ein Photograph, sein Freund*
Anna Kopecka, *Wirtin des Wirtshauses »Zum Kelch«*
Der junge Prochazka, *ein Schlächtersohn, ihr Verehrer*
Brettschneider, *Gestapoagent*
Bullinger, *Scharführer der SS*
Der Feldkurat
Anna, *ein Dienstmädchen*
Kati, *ihre Freundin*
SS-Mann Müller 2
Hitler
Himmler
Göring
Goebbels
von Bock
Nebenpersonen

VORSPIEL
IN DEN HÖHEREN REGIONEN

Kriegerische Musik. Hitler, Göring, Goebbels und Himmler um einen Globus. Alle sind überlebensgroß außer Goebbels, der überlebensklein ist.

HITLER:
    Meine Herren Parteigenossen, nachdem ich jetzt
                                        Deutschland
    Unterworfen habe mit eiserner Hand
    Kann ich darangehen, nunmehr die ganze Welt zu
                                        unterwerfen
    Meiner Meinung nach eine Frage von Tanks, Stukas
                            und guten Nerven.

Er legt seine Hand auf den Globus. Es verbreitet sich darauf ein blutiger Fleck. Göring, Goebbels und Himmler rufen „Heil".

    Aber, daß ich das doch nicht in der Eile vergeß:
    Wie, mein lieber Chef der Polizei und SS
    Steht eigentlich der k l e i n e M a n n zu mir?
    Ich meine nicht nur der hier
    Sondern auch der in Österreich und der Tschechei
    (Oder wie diese Länder geheißen haben, es ist
                                        einerlei)
    Ist er für mich oder – liebt er mich?
    Würde er mir im Notfall beispringen, oder – ließe
                            er mich im Stich?
    Wie steht er zu mir, der die Staatskunst, Redekunst,
                    Baukunst und Kriegskunst meistert –
    Kurz, wie blickt er zu mir auf?

HIMMLER:

                                        Begeistert.

HITLER:

Hat er die Opferfreude, Treue und Hingabe
Besonders auch seiner Habe
Die ich brauche für meinen Krieg, denn so gescheit ich
Schließlich bin, ich bin auch nur ein Mensch ...

HIMMLER:

                                  Das bestreit ich.

HITLER:

Das will ich hoffen. Aber wie gesagt
Wenn mich diese chronische Schlaflosigkeit plagt
Frag ich mich: wo steht in Europa der

                              k l e i n e M a n n ?

HIMMLER:

Mein Führer, zum Teil betet er Sie an
Wie einen Gott, und zum Teil
Liebt er Sie wie eine Geliebte, genau wie in

                                    Deutschland!

GÖRING, GOEBBELS, HIMMLER:

                                        Heil!

*Im Wirtshaus „Zum Kelch" sitzen Schweyk und Baloun
beim Frühschoppen. Die Wirtin Frau Anna Kopecka
bedient einen betrunkenen SS-Mann. Am Schanktisch
sitzt der junge Prochazka.*

FRAU KOPECKA: Sie haben fünf Pilsner, und ein sech-
stes möcht ich Ihnen lieber nicht geben, weil Sies
nicht gewohnt sind.

SS-MANN: Geben Sie mir noch eines, das ist ein Befehl, Sie wissen, was das heißt, und wenn Sie ver-
nünftig sind und kuschen, weih ich Sie in das Geheimnis ein, es wird Sie nicht reuen.

FRAU KOPECKA: Ich wills nicht wissen. Darum geb ich
Ihnen kein Bier mehr, daß Sie nicht Ihre Geheimnisse ausplaudern, und ich hab die Bescherung.

SS-MANN: Das ist sehr klug von Ihnen, ich möchte es
Ihnen auch geraten haben. Wer dieses Geheimnis
weiß, wird erschossen. Sie haben ein Attentat auf
den Adolf gemacht, in München. Er ist beinah
draufgegangen, um ein Haar.

FRAU KOPECKA: Ihren Mund haltens. Sie sind besoffen.

SCHWEYK *freundlich vom Nebentisch:* Was für ein
Adolf is es denn? Ich kenn zwei Adolfe. Einen, der
war Kommis beim Drogisten Pruscha und is jetzt
im Kazett, weil er konzentrierte Salzsäure nur an
Tschechen verkaufen hat wollen, und dann kenn
ich noch den Adolf Kokoschka, der was den Hunde-
dreck sammelt und auch im Kazett is, weil er geäußert haben soll, daß der Dreck von einer engli-
schen Bulldogge der beste is. Um beide is kein Schad.

SS-MANN *erhebt sich und salutiert:* Heil Hitler!

SCHWEYK *erhebt sich ebenfalls und salutiert:* Heil
Hitler!

SS-MANN *drohend:* Paßts Ihnen etwa nicht?

SCHWEYK: Zu Befehl, Herr SS, es paßt mir gut.

FRAU KOPECKA *kommt mit Bier:* Da haben Sie Ihr
Pilsner, jetzt ist es schon gleich. Aber jetzt setzen Sie
sich ruhig hin und plauschen nicht Ihrem Führer
seine Geheimnisse aus, wo niemand wissen will.
Hier ist keine Politik. Ich bin Gewerbetreibende,
wenn jemand kommt und sich ein Bier bestellt,
schenk ichs ihm ein, aber damit hörts auf.

DER JUNGE PROCHAZKA *wenn sie an den Schanktisch
zurückkommt:* Warum lassen Sie die Menschen sich
nicht amüsieren, Frau Anna?

FRAU KOPECKA: Weil mir dann die Nazis den „Kelch"
schließen, Herr Prochazka.

SCHWEYK *sitzt wieder:* Wenns der Hilter war, auf
den sie ein Attentat gemacht haben, das wär gelungen.

FRAU KOPECKA: Sie sind auch ruhig, Herr Schweyk.
Sie gehts nichts an.

SCHWEYK: Wenns geschehn is, könnts sein, weil die
Kartoffeln knapp wern. Das können die Leut nicht
vertragn. Aber daran is nur die Ordnung schuld,
weil alles eingeteilt wird, jedes Büschel Suppengrün
is ein Abschnitt auf der Lebensmittelkartn, das is
Ordnung, und ich hab sagen hern, der Hitler hat
eine größere Ordnung gebracht, als man für men-
schenmöglich gehalten hat. Wo viel is, herrscht keine
Ordnung. Warum, wenn ich grad einen Dachshund
verkauft hab, sind in meiner Taschen Kronenschein,
Zehnerln und Fünferln, alles kunterbunt, aber wenn

ich stier bin, vielleicht nur ein Kronenschein und ein Zehnerl, und wie soll da schon viel Unordnung sein unter ihnen? In Italien, wie der Mussolini gekommen is, ham sich die Züg nicht mehr verspätet. Es sind schon sieben bis acht Attentate auf ihn veribt worn.

FRAU KOPECKA: Blödelns nicht, trinkens Ihr Bier. Wenn was passiert is, wern wirs alle ausbaden.

SCHWEYK: Was ich nicht begreif, is, daß du den Kopf hängen laßt auf diese Nachricht, Baloun, da wirst du eine Seltenheit sein in Prag heut.

BALOUN: Daß die Lebensmittel knapp wern in so einem Krieg, das sagt sich leicht, aber ich hab kein richtiges Mahl mehr gehabt seit Fronleichnam voriges Jahr mit all die Lebensmittelkarten und zwei Deka Fleisch in der Wochen. *Auf den SS-Mann:* Denen kanns recht sein, schau dir an, wie gut gefüttert die sind, ich muß ihn ein bissel ausfragen. *Er geht zum SS-Mann hinüber.* Was habens gegessen zum Mittag, Herr Nachbar, daß Sie so durstig geworn sind, wenn ich fragen darf? Ich wett, was mit Pfeffer, oder vielleicht Gulasch?

SS-MANN: Das geht Sie nichts an, das ist ein militärisches Geheimnis. Hackbraten.

BALOUN: Mit Sauce. War ein frisches Gemüserl dabei? Ich will nicht, daß Sie was ausplaudern, aber wenns Wirsing war, war er gut durchgedreht? Davon hängt alles ab. Ach ja, in Prszlau, vorn Hitler, Sie entschuldigen, hab ich einen Hackbraten gegessen im „Schwan", der war besser als beim Plattner.

FRAU KOPECKA *zu Schweyk:* Könnens nicht den Herrn Baloun von dem SS-Mann wegbringen, gestern hat

er den Herrn Brettschneider von der Gestapo, ich
wunder mich, wo er heut bleibt, so lang nach den
Portionen in der deutschen Armee gefragt, daß er
fast als Spion verhaftet worn is.

SCHWEYK: Da könnens nix machen. Essen is bei ihm
ein Laster.

BALOUN *zum SS-Mann:* Is Ihnen bekannt, ob die
Deutschen in Prag auch Freiwillige anwerben für
den russischen Feldzug und ob die Portionen ebenso
groß sind wie in der deutschen Armee, oder is das
ein falsches Gerücht?

FRAU KOPECKA: Herr Baloun, belästigen Sie den
Herrn nicht, er is privat hier, und Sie sollten sich
schämen, solche Fragen an ihn stellen, als Tscheche.

BALOUN *schuldbewußt:* Ich mein nix Schlimmes, sonst
mecht ich nicht in aller Unschuld fragen; ich kenn
Ihre Einstellung, Frau Kopecka.

FRAU KOPECKA: Ich hab keine Einstellung, ich hab ein
Wirtshaus. Ich seh nur auf gewöhnlichen Anstand
bei den Gästen, Herr Baloun, es is schrecklich mit
Ihnen.

SS-MANN: Wollen Sie sich freiwillig melden?

BALOUN: Ich frag doch nur.

SS-MANN: Wenn Sie ein Interesse haben, führ ich Sie
zur Meldestelle. Die Menage ist ausgezeichnet, wenn
Sies interessiert. Die Ukraine wird die Kornkammer
des Dritten Reichs. Wie wir in Holland waren, hab
ich soviele Pakete heimgeschickt, daß ich sogar
meine Tante versorgt habe, die ich nicht ausstehn
kann. Heitler.

BALOUN *steht ebenfalls auf:* Heil Hitler.

SCHWEYK *der hinzugetreten ist:* Du mußt nicht sagen

„Heil Hitler", sondern wie der Herr, ders wissen
muß, „Heitler", das zeigt, daß dus gewohnt bist und
es auch im Schlaf sagst, zu Haus.

FRAU KOPECKA *stellt dem SS-Mann einen Schnaps hin:*
Trinkens das noch.

SS-MANN *umarmt Baloun:* Du willst dich also freiwillig melden gegen die Bolschewiken, das hör ich
gern; du bist ein Sautschech, aber ein vernünftiger,
ich geh mit dir zur Meldestelle.

FRAU KOPECKA *drückt ihn auf seinen Stuhl hinunter:*
Trinkens Ihren Slibowitz, das wird Sie beruhigen.
Zu Baloun: Ich hätt gute Lust, und schmeißet Sie
hinaus. Sie haben keine Würde, das kommt von der
unnatürlichen Freßsucht bei Ihnen. Kennens das
Lied, das jetzt gesungen wird? Ich wers Ihnen vorsingen, Sie haben erst zwei Bier, da solltens noch
Ihre Vernunft beisammen haben. *Sie singt das Lied
vom Weib des Nazisoldaten:*

UND WAS BEKAM DES SOLDATEN WEIB?

Und was bekam des Soldaten Weib
Aus der alten Hauptstadt Prag?
Aus Prag bekam sie die Stöckelschuh
Einen Gruß und dazu die Stöckelschuh
Das bekam sie aus der Stadt Prag.

Und was bekam des Soldaten Weib
Aus Warschau am Weichselstrand?
Aus Warschau bekam sie das leinene Hemd
So bunt und so fremd, ein polnisches Hemd!
Das bekam sie vom Weichselstrand.

Und was bekam des Soldaten Weib
Aus Oslo über dem Sund?
Aus Oslo bekam sie das Kräglein aus Pelz
Hoffentlich gefällts, das Kräglein aus Pelz!
Das bekam sie aus Oslo am Sund.

Und was bekam des Soldaten Weib
Aus dem reichen Rotterdam?
Aus Rotterdam bekam sie den Hut
Und er steht ihr gut, der holländische Hut.
Den bekam sie aus Rotterdam.

Und was bekam des Soldaten Weib
Aus Brüssel im belgischen Land?
Aus Brüssel bekam sie die seltenen Spitzen
Ach, das zu besitzen, so seltene Spitzen!
Die bekam sie aus belgischem Land.

Und was bekam des Soldaten Weib
Aus der Lichterstadt Paris?
Aus Paris bekam sie das seidene Kleid
Zu der Nachbarin Neid, das seidene Kleid
Das bekam sie aus Paris.

Und was bekam des Soldaten Weib
Aus dem libyschen Tripolis?
Aus Tripolis bekam sie das Kettchen
Das Amulettchen am kupfernen Kettchen
Das bekam sie aus Tripolis.

Und was bekam des Soldaten Weib
Aus dem weiten Russenland?

Aus Rußland bekam sie den Witwenschleier
Zu der Totenfeier den Witwenschleier
Das bekam sie aus Rußland.

Der SS-Mann nickt triumphierend am Ende jeder Stro-phe, aber vor der letzten sinkt ihm der Kopf auf den Tisch, da er jetzt völlig betrunken ist.

SCHWEYK: Ein sehr schönes Lied. *Zu Baloun:* Es be-weist dir, daß du es dir zweimal überlegen sollst, bis du etwas Unüberlegtes tust. Laß es dir nicht ein-fallen, nach Rußland zu ziehen mitn Hitler wegen große Rationen und dann erfrierst du, du Ochs.

BALOUN *hat, erschüttert durch das Lied, den Kopf auf die Ellbögen gelegt und zu schluchzen angefangen:* Jesus Maria, was wird aus mir mit meiner Ver-fressenheit? Ihr müßt was unternehmen mit mir, sonst verkomm ich vollends, ich kann nicht mehr ein guter Tschesch sein aufn leeren Magen.

SCHWEYK: Wenn du schwören würdst auf die Jungfrau Maria, daß du dich nie freiwillig meldest aus Freß-sucht, würdst dus halten. *Zur Kopecka:* Er is reli-giös. Aber würdst dus schwören? Nein.

BALOUN: Auf nix hin kann ich nicht schwören, es is kein Jux.

FRAU KOPECKA: Es is schrecklich. Sie sind doch ein erwachsener Mensch.

BALOUN: Aber ein schwacher.

SCHWEYK: Wenn man dir einen Teller mit Schweiner-nem hinstellen könnt, „da, iß, verkommener Mensch, aber schwör, daß du ein guter Tschech bleiben wirst", dann möchtst du schwören, wie ich dich kenn, das heißt, wenn man den Teller in der Hand behält und ihn sogleich wieder wegzieht, wenn du nicht schwörst, das würd gehn mit dir.

BALOUN: Das is wahr, aber man müßt ihn in der Hand behalten.

SCHWEYK: Und du würdst es nur halten, wenn du bein Schwur niedergingst auf deine Knie und schwörst es auf die Bibel und vor alle Leut, hab ich recht?

Baloun nickt.

FRAU KOPECKA: Ich mechts fast versuchen mit Ihnen. *Sie geht zum jungen Prochazka zurück.*

DER JUNGE PROCHAZKA: Wenn ich Sie nur singen hör, muß ich mich schon zurückhalten.

FRAU KOPECKA *zerstreut:* Warum?

DER JUNGE PROCHAZKA: Liebe.

FRAU KOPECKA: Woher wollens das wissen, daß es Liebe is und nicht nur eine zufällige Anwandlung?

DER JUNGE PROCHAZKA: Frau Anna, ich weiß. Gestern hab ich einer Kundin ihr eigenes Tascherl eingepackt statt ein Schnitzel, daß ich Anständ mit meinem Vater bekommen hab, weil ich meine Gedanken bei Ihnen gehabt hab. Und in der Früh hab ich Kopfweh. Es is Liebe.

FRAU KOPECKA: Dann fragt sich immer noch, wieviel Liebe es is, nicht?

DER JUNGE PROCHAZKA: Was meinens damit, Frau Anna?

FRAU KOPECKA: Ich mein, wofür würd die Lieb auslangen? Vielleicht nur zu einem Naseschneuzen, wies schon vorgekommen is.

DER JUNGE PROCHAZKA: Frau Anna, schneidens mir

bitte nicht in die Seel mit einer solchen kalten An-
schuldigung, die ich zurückweis. Sie langt zu allem
aus, wenn sie nur angenommen würd. Aber da fehlts.

FRAU KOPECKA: Ich frag mich, ob sie zum Beispiel
zu zwei Pfund Geselchtem auslangen würd.

DER JUNGE PROCHAZKA: Frau Anna! Wie könnens
sowas Materialistisches aufbringen in so einem
Moment!

FRAU KOPECKA *indem sie sich wegwendet, um Fla-
schen zu zählen:* Sehens! Gleich is zuviel.

DER JUNGE PROCHAZKA *kopfschüttelnd:* Ich versteh
Sie wieder nicht. Schiffe, die sich nachts begegnen,
Frau Anna.

BALOUN: Das datiert bei mir nicht von diesem Krieg
her, das is schon eine alte Krankheit, diese Gefräßig-
keit. Wegen ihr is meine Schwester mit den Kindern,
wo ich damals gewohnt hab, nach Klokota zur
Kirchweih gegangen. Aber nicht einmal Klokota hat
genützt. Die Schwester mitn Kindern kommt von
der Kirchweih und fängt schon an, die Hennen zu
zähln. Eine oder zwei fehln. Aber ich hab mir nicht
helfen können, ich hab gewußt, daß sie in der Wirtschaft wegen den Eiern nötig sind, aber ich geh heraus, verschau mich in sie, auf einmal spür ich euch
im Magen einen Abgrund, und in einer Stunde is
mir schon gut und die Henne schon gerupft. Mir is
wahrscheinlich nicht zu helfen.

DER JUNGE PROCHAZKA: Ham Sie das ernst gemeint?

FRAU KOPECKA: Ganz ernst.

DER JUNGE PROCHAZKA: Frau Anna, wann wollens die
zwei Pfund? Morgen?

FRAU KOPECKA: Sind Sie nicht leichtfertig mit dem

Versprechen? Sie hättens aus dem Laden von Ihrem Herrn Vater zu nehmen ohne Erlaubnis und ohne Fleischkartn, und das heißt jetzt Schleichhandel, und darauf steht Erschießen, wenns aufkommt.

DER JUNGE PROCHAZKA: Denkens wirklich, daß ich mich nicht für Sie erschießen lassen würd, wenn ich wüßt, ich erreich was damit bei Ihnen?

Schweyk und Baloun haben die Unterredung verfolgt.

SCHWEYK *anerkennend:* Das is, wie ein verliebter Mensch sein soll. In Pilsen hat sich ein junger Mensch für eine Witwe, wo sogar schon nicht mehr ganz jung war, am Scheunenbalken aufgehängt, weil sie im Gespräch hat fallen lassen, er tut nichts für sie, und im „Bären" hat einer sich am Abort die Pulsader aufgeschnitten, weil die Kellnerin einem andern Gast besser eingeschenkt hat, ein Familienvater. Paar Tag später haben sich von der Karlsbrücken zwei in die Moldau gestürzt wegen einer Person, aber da wars wegn ihren Geld; sie war, her ich, vermögend.

FRAU KOPECKA: Ich muß zugeben, das hört man nicht alle Tag als Frau, Herr Prochazka.

DER JUNGE PROCHAZKA: Nicht wahr! Ich brings morgen mittag, is das früh genug?

FRAU KOPECKA: Ich mecht nicht, daß Sie sich gefährden, es is aber für eine gute Sach, nicht für mich. Sie haben selber gehört, der Herr Baloun muß ein richtiges Mahl mit Fleisch haben, sonst kommt er auf schlechte Gedanken.

DER JUNGE PROCHAZKA: Sie wollen also nicht, daß ich mich in Gefahr bring. Das is Ihnen so herausge-

rutscht, hab ich recht? Es is Ihnen nicht gleich, wenn
ich erschossen werd, nehmen Sies jetzt nicht zurück,
daß Sie mich glücklich machen. Frau Anna, es is
beschlossen, Sie können mit dem Geselchten rechnen,
und wenn ich krepier deswegen.

FRAU KOPECKA: Kommens morgen Mittag her, Herr
Baloun, ich versprech nichts, aber es schaut aus, als
ob Sie ein Mahl kriegen.

BALOUN: Wenn ich nur noch e i n Mahl krieget, mecht
ich mir alle schlechten Gedanken ausn Kopf schlagn.
Aber ich fang nicht an mit dem Freuen, vor ichs vor
mir seh, ich hab zuviel erlebt.

SCHWEYK *auf den SS-Mann:* Ich glaub, er hats vergessen, sobald er aufwacht, er is besoffen. *Er schreit
ihm ins Ohr:* Hoch Benesch! *Als der sich nicht rührt:*
Das ist das sicherste Zeichen, daß er nicht beir Be-
sinnung ist, sonst mecht er aus mir Dreck machen,
weil sie sich da fürchten.

Der Gestapoagent Brettschneider ist eingetreten.

BRETTSCHNEIDER: Wer fürcht sich?

SCHWEYK *bestimmt:* Die SS-Männer. Setzen Sie sich
zu uns, Herr Brettschneider. Ein Pilsner für den
Herrn, Frau Kopecka, es macht heiß heut.

BRETTSCHNEIDER: Und wovor fürchten sie sich Ihrer
Meinung nach?

SCHWEYK: Daß sie unaufmerksam sind und lassen eine
hochverräterische Äußerung durchgehn oder was
weiß ich. Aber vielleicht wollens Ihre Zeitung un-
gestört hier lesen, und ich halt Sie ab.

BRETTSCHNEIDER *setzt sich mit seiner Zeitung:* Mich
stört keiner, wenn, was er sagt, interessant ist. Frau

Kopecka, Sie schaun heut wieder aus wie ein Maiglöckerl.

FRAU KOPECKA *setzt ihm ein Bier vor:* Sagens lieber Juniglöckerl.

DER JUNGE PROCHAZKA *wenn sie am Schanktisch zurück ist:* Ich an Ihrer Stell mecht ihm nicht gestatten, daß er sich solche Freiheitn herausnimmt gegen Sie.

BRETTSCHNEIDER *seine Zeitung entfaltend:* Das ist eine Extraausgabe. Auf den Führer ist ein Bombenattentat verübt worden in einem Münchner Bräukeller. Was sagen Sie dazu?

SCHWEYK: Hat er lang leiden müssen?

BRETTSCHNEIDER: Er ist nicht verletzt worden, da die Bombe zu spät explodiert ist.

SCHWEYK: Wahrscheinlich eine billige. Heute stellens alles in der Massenproduktion her, und dann wundern sie sich, wenn es keine Qualität is. Warum, so ein Artikel is nicht mit der Liebe gemacht, wie früher eine Handarbeit, hab ich recht? Aber daß sie für eine solche Gelegenheit keine bessere Bomb wählen, is eine Nachlässigkeit von ihrer Seit. In Cesky Krumlow hat ein Schlachter einmal . . .

BRETTSCHNEIDER *unterbricht ihn:* Das nennen Sie eine Nachlässigkeit, wenn der Führer beinah seinen Tod findet?

SCHWEYK: So ein Wort wie „beinah" is oft eine Täuschung, Herr Brettschneider. 38, wenn sie uns in München ausverkauft ham, haben wir beinah Krieg geführt, aber dann haben wir beinah alles verloren, wie wir still gehalten ham. Schon in ersten Weltkrieg hat Österreich beinah Serbien besiegt und

Deutschland beinah Frankreich. Auf „beinah" könnens nicht rechnen.

BRETTSCHNEIDER: Sprechen Sie weiter, es ist interessant. Sie haben interessante Gäste, Frau Kopecka. So politisch versierte.

FRAU KOPECKA: Ein Gast is wie der andere. Für uns Gewerbetreibende gibts keine Politik. Und, Herr Brettschneider, ich wär Ihnen dankbar, wenn Sie meine Stammgäst nicht zu politischen Äußerungen verleiten würdn, damit Sie sie dann verhaften können. Und für Sie, Herr Schweyk, gilt: Bezahl dir dein Bier und setz dich hin und quatsch, was du willst. Aber Sie ham genug gequatscht, Herr Schweyk, für zwei Glas Bier.

BRETTSCHNEIDER: Ich hab das Gefühl, Sie hätten es nicht für einen großen Verlust für das Protektorat gehalten, wenn der Führer jetzt tot wäre.

SCHWEYK: Ein Verlust wär es, das läßt sich nicht leugnen. Ein fürchterlicher außerdem. Der Hitler läßt sich nicht durch jeden beliebigen Trottel ersetzen. Auf den Hitler schimpfen viele. Es wundert mich nicht, daß er angegriffen wird.

BRETTSCHNEIDER *hoffnungsvoll:* Wie meinen Sie das?

SCHWEYK *lebhaft:* Die großen Männer sind immer schlecht angeschrieben beim gewöhnlichen Volk, wie einmal der Redaktör von „Feld und Garten" geschrieben hat. Warum, es versteht sie nicht und hält alles für überflüssig, sogar das Heldentum. Der kleine Mann scheißt sich was auf eine große Zeit. Er will ein bissel ins Wirtshaus gehn und Gulasch auf die Nacht. Und auf so eine Bagasch soll ein Staatsmann sich nicht giften, wo er es schaffen muß, daß ein Volk ins Schullesebüchel kommt, der arme Hund. Einem großen Mann is das gewöhnliche Volk eine Kugel am Bein, das is, wie wenn Sie dem Baloun mit sein Appetit zum Abendessen ein Debrecziner Würstel vorsetzen, das is für nix. Ich mecht nicht zuhören, wie die Großen auf uns schimpfen, wenns beieinander sind.

BRETTSCHNEIDER: Sind Sie vielleicht der Meinung, daß das deutsche Volk nicht hinter dem Führer steht, sondern meckert?

FRAU KOPECKA: Meine Herren, ich bitt Sie, sprechen Sie von was anderm, es hat keinen Sinn, die Zeiten sind zu ernst.

SCHWEYK *nimmt einen tüchtigen Schluck Bier:* Das deutsche Volk steht hinter dem Führer, Herr Brettschneider, das läßt sich nicht leugnen. Wie der Reichsmarschall Göring ausgerufen hat: „Man versteht den Führer nicht immer sogleich, er ist zu groß." Er muß es wissen. *Vertraulich:* Es ist erstaunlich, was sie dem Hitler für Prügel zwischen die Bein geworfen ham, sobald er eine von seinen Ideen gehabt hat, sogar von oben. Vorigen Herbst hat er, her ich, ein Gebäude bauen wolln, was von Leipzig bis Dresden hätt reichen solln, ein Tempel zur Erinnerung an Deutschland, wenns untergegangen is durch einen großen Plan, wo er schon geplant hat bis ins einzelne, da habens schon wieder im Ministerium die Kepf geschittelt mit „zu groß", weils eben keinen Sinn ham für was Unbegreifliches, was sich ein Schenie so ausdenkt, wenns nix zu tun hat. In Weltkrieg hat er sie jetzt nur gebracht, indem er immer gesagt hat, er will nur die Stadt Danzig, sonst nix, und es is sein letzter Herzenswunsch. Und das sind schon die Obern und Gebildeten, Generäle und Direktoren von die IG Farben, denens wurst sein könnt, weil, zahlen sies? Der gemeine Mann is noch viel schlimmer. Wenn er hert, er soll sterben für was Großes, paßts ihm nicht in seinen Kram, und er mäkelt herum und stiert mitn Löffel in die Kuttelfleck herum, als obs ihm nicht schmeckt, und das soll einen Führer nicht wurmen, wo er sich angestrengt hat, daß er sich wirklich was Niedagewesenes für sie ausdenkt oder auch nur eine Welteroberung. Was kann man schon mehr erobern, das is auch begrenzt, wie alles. Ich habs gern.

BRETTSCHNEIDER: Und Sie behaupten also, daß der Führer die Welt erobern will? Und er muß nicht nur Deutschland gegen seine jüdischen Feinde und die Plutokratien verteidigen?

SCHWEYK: Sie müssens nicht so nehmen, er denkt sich nichts Schlechtes dabei. Die Welt erobern, das is für ihn ganz was Gewöhnliches wie für Sie Biertrinken, es macht ihm Spaß und er versuchts jedenfalls einmal. Wehe den perfiden Briten, mehr sag ich euch nicht.

BRETTSCHNEIDER *steht auf:* Mehr müssen Sie auch nicht sagen. Kommen Sie mit mir in die Petschekbank auf die Gestapo, dort werden wir Ihnen was sagen.

FRAU KOPECKA: Aber Herr Brettschneider, der Herr Schweyk hat doch nur ganz unschuldige Sachen gesagt, bringens ihn nicht ins Unglück.

SCHWEYK: Ich bin so unschuldig, daß ich verhaftet wer. Ich hab zwei Bier und ein Slibowitz. *Zu Brettschneider, nachdem er gezahlt hat, freundlich:* Ich bitt um Entschuldigung, daß ich voraus durch die Tür tret, damit Sie mich im Aug haben und gut bewachen können.

Brettschneider und Schweyk ab.

BALOUN: Den erschießens jetzt vielleicht.

FRAU KOPECKA: Nehmens besser einen Slibowitz, Herr Prochazka. Ihnen is der Schock auch in die Glieder gefahren, nicht?

DER JUNGE PROCHAZKA: Die sind schnell mitn Mitnehmen.

2

Im Gestapohauptquartier in der Petschekbank steht Schweyk mit dem Agenten Brettschneider vor dem Scharführer Ludwig Bullinger. Im Hintergrund ein SS-Mann.

BULLINGER: Dieses Wirtshaus „Zum Kelch" scheint ja ein nettes Nest subversiver Gestalten zu sein, wie?

BRETTSCHNEIDER *eilig:* Keineswegs, Herr Scharführer. Die Wirtin Kopecka ist eine sehr ordentliche Frau, die sich nicht mit Politik abgibt; der Schweyk ist eine gefährliche Ausnahme unter den Stammgästen, den ich schon einige Zeit im Aug gehabt habe.

Das Telefon auf Bullingers Tisch surrt. Er hebt den Hörer, und man hört mit ihm eine Stimme aus dem Lautsprecher.

TELEFONSTIMME: Rollkommando. Der Bankier Kruscha will keine Äußerungen über das Attentat gemacht haben, da er die Zeitungsnachricht nicht hat lesen können, weil er schon vorher verhaftet war.

BULLINGER: Ist er die Kommerzbank? Dann zehn übers Gesäß. *Zu Schweyk:* So, so einer bist du. Zuerst stelle ich dir eine Frage. Wenn du schon da die Antwort nicht weißt, Sau, dann nimmt Müller 2 – *auf den SS-Mann* – dich in den Keller zum Erziehen, verstehst du? Die Frage lautet: Scheißt du dick oder scheißt du dünn?

SCHWEYK: Melde gehorsamst, Herr Scharführer, ich scheiß, wie Sies wünschen.

BULLINGER: Antwort korrekt. Aber du hast Äußerungen getan, die die Sicherheit des deutschen Reiches gefährden, den Verteidigungskrieg des Führers einen Eroberungskrieg genannt, Kritik an der Lebensmittelzuteilung geübt usw. usw. Was hast du dazu zu sagen?

SCHWEYK: Es ist viel. Allzuviel ist ungesund.

BULLINGER *mit schwerer Ironie:* Gut, daß dus einsiehst.

SCHWEYK: Ich seh alles ein, Strenge muß sein, ohne Strenge möcht niemand nirgends hinkommen, wie unser Feldwebel beim 91sten gesagt hat: „Wenn man Euch nicht zwiebelt, möchtet Ihr die Hosen fallen lassen und auf die Bäum klettern." Dasselbe hab ich mir auch heute Nacht gesagt, wie ich mißhandelt worden bin.

BULLINGER: Ach, du bist mißhandelt worden, da schau her.

SCHWEYK: In der Zell. Ein Herr von der SS ist hereingekommen und hat mir mitn Lederriemen eins übers Kopf gegeben, und wie ich gestöhnt hab, hat er auf mich geleuchtet und gesagt: „Das is ein Irrtum, das is er nicht." Und is darüber so in Wut geraten, daß er sich geirrt hat, daß er mir noch eins übern Rücken gehaut hat. Das liegt schon so in der menschlichen Natur, daß der Mensch sich bis zu seinem Tod irrt.

BULLINGER: So. Und du gestehst alles zu, was hier über deine Äußerungen steht? *Auf Brettschneiders Rapport zeigend.*

SCHWEYK: Wenn Sie wünschen, Euer Hochwohlgeboren, daß ich gesteh, so gesteh ich, mir kanns nicht schaden. Wenn Sie aber sagen: „Schweyk, gestehen Sie nichts ein", wer ich mich herausdrehn, bis man mich in Stücke reißt.

BULLINGER *brüllt:* Halt das Maul! Abführen!

SCHWEYK *als Brettschneider ihn bis zur Tür geführt hat, die rechte Hand ausstreckend, laut:* Lang lebe unser Führer Adolf Hitler. Diesen Krieg gewinnen wir!

BULLINGER *konsterniert:* Bist du blöd?

SCHWEYK: Melde gehorsamst, Herr Scharführer, daß ja. Ich kann mir nicht helfen, man hat mich schon beim Militär wegen Blödheit superarbitriert. Ich bin amtlich von einer ärztlichen Kommission für einen Idioten erklärt worn.

BULLINGER: Brettschneider! Haben Sie nicht gemerkt, daß der Mann blöd ist?

BRETTSCHNEIDER *gekränkt:* Herr Scharführer, die Äußerungen des Schweyk im „Kelch" waren wie die von einem blöden Menschen, der seine Gemeinheiten so anbringt, daß man ihm nichts beweisen kann.

BULLINGER: Und Sie sind der Meinung, daß, was wir von ihm hier eben gehört haben, die Äußerung eines Menschen ist, der seine fünf Sinne zusammenhat?

BRETTSCHNEIDER: Herr Bullinger, dieser Meinung bin ich auch jetzt noch. Aber wenn Sie ihn aus irgendeinem Grund nicht haben wollen, nehm ich ihn zurück. Nur, wir von der Fahndungsabteilung haben unsere Zeit auch nicht gestohlen.

BULLINGER: Brettschneider, nach meiner Ansicht sind Sie ein Scheißer.

BRETTSCHNEIDER: Herr Scharführer, das muß ich mir von Ihnen nicht sagen lassen.

BULLINGER: Und ich möchte, daß Sies gestehen. Es ist nicht viel, und es würde Sie erleichtern. Geben Sies zu, Sie sind ein Scheißer.

BRETTSCHNEIDER: Ich weiß nicht, was Sie zu einer solchen Ansicht über mich bringt, Herr Bullinger, ich bin als Beamter pflichtgetreu bis ins Detail, ich ...

TELEFONSTIMME: Rollkommando. Der Kruscha hat sich bereiterklärt, Ihren Herrn Bruder als Kompagnon aufzunehmen in die Kommerzbank, leugnet aber entschieden, die Äußerungen gemacht zu haben.

BULLINGER: Weitere zehn aufs Gesäß, ich brauch die Äußerungen. *Zu Brettschneider, beinahe bittend:* Sehen Sie, was verlange ich schon von Ihnen? Wenn Sies eingestehen, nimmts Ihnen nichts von Ihrer Ehre, es ist rein persönlich, Sie sind ein Scheißer, warum es nicht zugeben? Wenn ich Sie beinah demütig bitte? *Zu Schweyk:* Red ihm zu, du.

SCHWEYK: Melde gehorsamst, daß ich mich nicht einmischen mecht zwischen die beiden Herrn, daß ich aber versteh, was Sie meinen, Herr Scharführer. Es is aber schmerzlich für den Herrn Brettschneider, indem er ein so guter Spürhund is und es sich sozusagen nicht verdient hat.

BULLINGER *traurig:* Du verrätst mich also auch, du Sau. „Und der Hahn krähte zum dritten Mal", wies in der Judenbibel heißt. Brettschneider, ich werd es Ihnen noch abringen, aber jetzt hab ich keine Zeit für was Privates, ich hab noch 97 Fälle. Werfen Sie den Idioten hinaus, und bringen Sie mir e i n m a l was Besseres.

SCHWEYK *schreitet auf ihn zu und küßt ihm die Hand:* Vergelts Gott tausendmal, wenn Sie mal ein Hunterl brauchen sollten, wenden Sie sich gefälligst an mich. Ich hab ein Geschäft mit Hunden.

BULLINGER: Kazett. *Als Brettschneider Schweyk wieder abführen will:* Halt! Lassen Sie mich mit dem Mann allein.

Brettschneider böse ab; auch der SS-Mann ab.

TELEFONSTIMME: Rollkommando. Der Kruscha hat die Äußerungen gestanden, aber nur, daß ihm das Attentat gleich ist, nicht, daß es ihn freut, und nicht, daß der Führer ein Hanswurst ist, sondern nur, daß er auch nur ein Mensch ist.

BULLINGER: Fünf weitere, bis es ihn freut und bis der Führer ein blutiger Hanswurst ist. *Zu Schweyk, der ihn freundlich anlächelt:* Ist dir bekannt, daß wir dir im Kazett die Gliedmaßen einzeln ausrupfen, wenn du mit uns Schabernack treiben willst, du Lump?

SCHWEYK: Das is mir bekannt. Da bist du gleich erschossen, bevor du auf vier zählen kannst.

BULLINGER: Du bist also ein Hundefritze. Ich hab da auf der Promenade einen reinrassigen Spitz gesehen, der mir gefallen hat, mit einem Fleck am Ohr.

SCHWEYK *unterbricht:* Melde gehorsamst, daß ich das Vieh beruflich kenn. Den ham schon viele wolln. Es hat einen weißlichen Fleck am linken Ohrwaschel, hab ich recht, es gehört dem Herrn Ministerialrat Vojta. Es is sein Augapfel und frißt nur, wenn es kniefällig gebeten wird und wenns Kalbfleisch vom Bauch is. Das beweist, es is von reiner Rasse. Die nichtreinrassigen sind klüger, aber die reinrassigen sind feiner und werdn lieber gestohln. Sie sind meistens so dumm, daß sie zwei bis drei Dienstboten brauchen, die ihnen sagen, wenn sie scheißen müssen, und daß sie das Maul aufmachen müssen zum Fressen. Es is wie bei die feinen Leute.

BULLINGER: Das ist genug über Rasse, Lump. Kurz und gut, ich will den Spitz haben.

SCHWEYK: Sie können ihn nicht haben, der Vojta verkauft ihn nicht. Wie wärs mit einem Polizeihund? So einem, was gleich alles herausschnüffelt und auf die Spur des Verbrechens führt? Ein Fleischer in Wrschowitz hat einen, und er zieht ihm den Wagen. Dieser Hund hat, wie man sagt, den Beruf verfehlt.

BULLINGER: Ich hab dir gesagt, ich will den Spitz.

SCHWEYK: Wenn der Ministerialrat Vojta nur ein Jud wär, so könntens ihn einfach nehmen und basta. Aber er is Arier, mit einem blonden Bart, bissel zerfranst.

BULLINGER *interessiert:* Ist er ein echter Tscheche?

SCHWEYK: Nicht wie Sie glaubn, daß er sabotiert und schimpft aufn Hitler, da wärs einfach. Ins Kazett wie mit mir, weil ich mißverstanden worn bin. Aber er is ein Kollaborationist und wird schon Quisling geschimpft, das is ein Kreuz inbetreff auf den Spitz.

BULLINGER *einen Revolver aus der Schublade ziehend und ihn anzüglich reinigend:* Ich seh, du willst mir den Spitz nicht verschaffen, du Saboteur.

SCHWEYK: Melde gehorsamst, daß ich Ihnen den Hund verschaffen will. *Belehrend:* Es gibt die verschiedensten Systeme, Herr Scharführer, ein Salonhündchen oder Zwergrattler stiehlt man, indem man in der Menge die Leine abschneidet. Eine böse deutsche gefleckte Dogge lockt man an, indem man eine läufige Hündin an ihr vorbeiführt. Eine gebackene Pferdewurst is fast eben so gut. Manche Hund aber sind verzärtelt und verwöhnt wie der Erzbischof. Einmal hat von mir ein Stallpintscher, Pfeffer und Salz, den ich für den Hundezwinger über der Klamovka gebraucht hab, auch keine Wurst annehmen wolln. Drei Tage bin ich ihm nachgegangen, bis ichs schon nicht ausgehalten hab und direkt die Frau, was mit dem Hund spazierengegangen is, gefragt hab, was der Hund eigentlich frißt, daß er so hübsch is. Der Frau hats geschmeichelt und sie hat gesagt, daß er am liebsten Kotletts hat. Also hab ich ihm ein Schnitzel gekauft. Ich denk mir, das is sicher noch besser. Und siehst du, dieses Aas von einem Hund hat sich nicht mal drauf umgeschaut, weils Kalbfleisch war. Es war an Schweinfleisch gewöhnt. So hab ich ihm ein Kotlett kaufen müssen. Ich hab ihms zu beschnuppern gegeben und bin gelaufen und der Hund hinter mir. Und die Frau hat geschrien: „Puntik, Puntik!", aber woher, der liebe Puntik.

Dem Kotlett is er bis um die Ecke nachgelaufen, dort hab ich ihm eine Kette um den Hals gegebn, und am nächsten Tag war er schon über der Klamovka im Hundezwinger. – Aber wenn man Sie fragt, woher Sie den Hund ham, wenn man den Fleck am Ohrwaschel sieht?

BULLINGER: Ich glaub nicht, daß man mich fragt, woher ich meinen Hund hab. *Er klingelt.*

SCHWEYK: Da habens vielleicht recht, es erwart sich keiner was davon.

BULLINGER: Und ich glaub, daß du dir einen Jux gemacht hast mit dem Zertifikat als Idiot; ich will aber ein Aug zudrücken, erstens weil der Brettschneider ein Scheißer ist, und zweitens, wenn du den Hund für meine Frau bringst, du Verbrecher.

SCHWEYK: Herr Scharführer, ich bitt um die Erlaubnis, daß ich gestehn darf, das Zertifikat is echt, aber ich hab mir auch eine Hetz gemacht, wie der Wirt in Budweis gesagt hat: „Ich hab die fallende Sucht, aber ich hab auch einen Krebs", und hat damit verheimlichen wolln, daß er eigentlich bankrott war. Man sagt auch: ein Schweißfuß kommt selten allein.

TELEFONSTIMME: Rollkommando 4. Die Greißlerin Moudra leugnet ab, daß sie die Vorschriften über Ladeneröffnung nicht vor neun Uhr früh übertreten hat, indem sie sogar erst um zehn Uhr ihren Laden eröffnet hat.

BULLINGER: Paar Monat ins Loch, das falsche Aas, wegen U n t e r tretung der Vorschriften! *Zu dem eingetretenen SS-Mann, auf Schweyk:* Bis auf weiteres frei!

SCHWEYK: Vor ich endgültig geh, mecht ich noch ein

Wort einlegn für einen Herrn, wo draußen unter die Verhafteten wartet, daß er nicht mit die andern sitzen muß, es is ihm unangenehm, wenn auf ihn ein Verdacht fallen würd, weil er mit uns Politischen auf einer Bank sitzt. Er is hier nur wegen versuchten Raubmord an einem Bauer aus Holitz.

BULLINGER *brüllt:* Raus!

SCHWEYK *stramm:* Zu Befehl. Das Spitzerl bring ich, sobald ichs hab. Winsche einen guten Morgen.

Ab mit dem SS-Mann.

ZWISCHENSPIEL
IN DEN NIEDEREN REGIONEN

Schweyk und der SS-Mann Müller 2 im Gespräch auf dem Weg von der Petschekbank zum „Kelch".

SCHWEYK: Wenn ichs der Frau Kopecka sag, mecht sies Ihnen machen. Es freut mich, daß Sies mir bestätign, daß der Führer nicht titschkerlt, damit er sich seine Stärke für die höheren Staatsgeschäfte bewahrt, und daß er nie nicht Alkohol trinkt. Was er gemacht hat, hat er sozusagen nichtern gemacht, jeder mecht ihm das nicht nachtun. Daß er auch nix ißt, außer bissel Gemiese und Mehlspeis, trifft sich ausnehmend, warum, viel is nicht da mitn Krieg und allem, was drum und dran hängt, da is ein Esser weniger. Ich hab einen Bauern gekannt im Mährischen, wo Magenverschluß gehabt hat und kein Appetit, da sind die Knecht vom Fleisch ge-

falln, daß das Dorf zu redn angefangn hat, und der
Bauer is rumgegangen und hat nur gesagt: „Bei mir
frißt das Gesind, was ich freß." Trinkn is ein
Laster, das gib ich zu, wie bein Lederhändler Bu-
dowa, wo sein Bruder hat betrign wolln und dann
im Suff unterschriebn hat, daß er seinem Bruder
die Erbschaft abtritt statt umgekehrt. Alles hat zwei
Seitn, und auf das Titschkerln brauchet er nicht ver-
zichtn, wenns nach mir ging, das verlang ich von
niemand.

3

*Im „Kelch" wartet Baloun auf sein Mahl. Zwei andere
Gäste spielen Dambrett, eine dicke Ladenbesitzerin
genießt einen kleinen Slibowitz und Frau Kopecka
stickt.*

BALOUN: Jetzt is es zehn nach zwölf und kein Prochazka. Ich habs gewußt.
FRAU KOPECKA: Gebens ihm etwas Zeit. Die Schnell-
sten sind nicht immer die Besten. Es muß die
richtige Mischung sein zwischen Geschwindigkeit
und Zeitlassn. Kennens das Lied vom kleinen
Wind? *Sie singt:*

DAS LIED VOM KLEINEN WIND

Eil, Liebster, zu mir, teurer Gast
Wie ich kein teurern find

33

Doch wenn du mich im Arme hast
Dann sei nicht zu geschwind.
    Nimms von den Pflaumen im Herbste
    Wo reif zum Pflücken sind
    Und haben Furcht vorm mächtigen Sturm
    Und Lust auf'n kleinen Wind.
    So'n kleiner Wind, du spürst ihn kaum.
    's ist wie ein sanftes Wiegen.
    Die Pflaumen wolln ja so vom Baum
    Wolln aufm Boden liegen.

Ach, Schnitter, laß es sein genug
Laß, Schnitter, e i n Halm stehn!
Trink nicht dein Wein auf einen Zug
Und küß mich nicht im Gehn.
    Nimms von den Pflaumen im Herbste
    Wo reif zum Pflücken sind
    Und haben Furcht vorm mächtigen Sturm
    Und Lust auf'n kleinen Wind.
    So'n kleiner Wind, du spürst ihn kaum.
    's ist wie ein sanftes Wiegen.
    Die Pflaumen wolln ja so vom Baum
    Wolln aufm Boden liegen.

BALOUN *geht unruhig zu den Dambrettspielern hinüber:*
Sie stehn prima. Wären die Herrn interessiert an
Postkartn? Ich bin bei einem Photographen, und
wir stelln unter der Hand diskrete Postkarten her,
eine Serie „Deutsche Städtebilder".
ERSTER GAST: Ich bin nicht intressiert an deutsche
Städte.
BALOUN: Dann wird Ihnen die Serie gefalln.

Er zeigt ihnen Postkarten mit der Verstohlenheit,
die sonst pornographischen Bildern zukommt.

Das is Köln.

ERSTER GAST: Das schaut furchtbar aus. Das nehm ich.
Nix wie Krater.

BALOUN: Fuffzigerl. Aber sinds vorsichtig mitn Her-
zeign. Es is schon vorgekommen, daß Leut, dies
einander gezeigt ham, von Polizeipatrouillen angehalten worden sind, weil sies für Schweinereien
gehalten ham, wo sie gern konfisziert hättn.

ERSTER GAST: Das is eine gelungene Unterschrift:
„Hitler ist einer der größten Architekten aller Zeiten." Und dazu Bremen als Schutthaufen.

BALOUN: An einen deutschen Unteroffizier hab ich
zwei Dutzend verkauft. Er hat gelächelt, wie er sie
sich angeschaut hat, das hat mir gefalln. Ich hab ihn
in die Anlagen beim Hawlitschek hinbestellt und
mein Messer in der Hosentasch offen gehaltn, für
den Fall, er is ein falscher Funfziger. Er war aber
ehrlich.

DIE DICKE FRAU: Wer zum Schwert greift, soll durchs
Schwert umkommn.

FRAU KOPECKA: Obacht!

Herein Schweyk mit dem SS-Mann Müller 2, der ihn
aus Bullingers Zimmer eskortiert hat, einem baum-
langen Menschen.

SCHWEYK: Grüß Gott allseits. Der Herr is nicht beruflich mit. Geben Sie uns ein Glas Bier.

BALOUN: Ich hab gedacht, daß du erst in paar Jahren
zurückkommen wirst, aber man irrt sich. Der Herr

Brettschneider is sonst so tüchtig. Vorige Wochen, wo du nicht hier warst, is er mit dem Tapezierer aus der Quergasse fortgegangen, und der is nicht mehr zurückgekommen.

SCHWEYK: Wahrscheinlich ein ungeschickter Mensch, der sich ihnen nicht unterworfen hat. Der Herr Brettschneider wird sichs überlegen, bis er mich wieder mißversteht. Ich hab Protektion.

DIE DICKE FRAU: Sind Sie der, den sie gestern weggeführt haben von hier?

SCHWEYK *stolz:* Derselbe. In solchen Zeiten muß man sich unterwerfen. Es is Übungssache. Ich hab ihm die Hand geleckt. Früher hat man mit Gefangenen das gemacht, daß man ihnen Salz aufs Gesicht gestreut hat. Sie sind gebunden gewesen, und man hat große Wolfshund auf sie gelassen, die ihnen die ganzen Gesichter weggeleckt haben, her ich. Heut is man nicht mehr so grausam, außer wenn man wütend wird. Aber ich hab ganz vergessen: der Herr – *auf den SS-Mann* – möcht wissen, was ihm die Zukunft Schönes bringt, Frau Kopecka, und zwei Bier. Ich hab ihm gesagt, daß Sie das zweite Gesicht haben und daß ichs unheimlich find und ihm abrat.

FRAU KOPECKA: Sie wissen, daß ich das ungern mach, Herr Schweyk.

SS-MANN: Warum machen Sie es denn so ungern, junge Frau?

FRAU KOPECKA: Wenn man eine solche Gabe hat, hat man die Verantwortung. Woher weiß man, wies der Betreffende nimmt, und hat er immer die Kraft, es zu tragen? Denn ein Blick in die Zukunft nimmt einen Menschen mitunter so her, daß er sich graust, und dann gibt er mir die Schuld, wie der Bauer Czaka, dem ich hab sagen müssen, daß ihn seine junge Frau betrügen wird, und er zerschmeißt mir prompt meinen kostbaren Wandspiegel.

SCHWEYK: Sie hat ihn doch an der Nasen herumgeführt. Dem Lehrer Blaukopf ham wirs auch prophezeit, und dasselbe. Es passiert immer, wenn sie sowas voraussagt, ich finds merkwürdig. Wie Sie dem Gemeinderat Czerlek prophezeit haben, daß seine Frau . . ., erinnern Sie sich, Frau Kopecka? Eingetroffen.

SS-MANN: Aber da haben Sie doch eine Gabe, die selten ist, und sowas soll man nicht brach liegen lassen.

SCHWEYK: Ich hab schon vorgeschlagen, daß sies dem ganzen Gemeinderat zusammen prophezeit. Ich würd mich nicht wundern, wenns einträf.

FRAU KOPECKA: Machens keine Witze, Herr Schweyk, mit solchen Sachen, von denen wir nichts wissen können, außer daß es sie gibt, denn sie sind übernatürlich.

SCHWEYK: Wie Sie dem Ingenieur Bulowa hier ins Gesicht hineingesagt haben, daß er in einem Eisenbahnunfall zerstickelt wird? Seine Frau is bereits wieder verehelicht. Die Fraun vertragen das Prophezein besser, sie haben mehr innere Festigkeit, her ich. Die Frau Laslaczek in der Hußgassen hat eine solche Seelenstärke gehabt, daß ihr Mann öffentlich geäußert hat: „Lieber alles, als mit der Person zusammenleben“, und nach Deutschland arbeiten gegangen is. Aber die SS kann auch viel aushalten, her ich, und das muß die können bei den Kazetts und den Verhören, wo eiserne Nerven am Platz sind, hab ich recht? *Der SS-Mann nickt.* Darum sollten Sie dem Herrn ruhig die Zukunft voraussagen, Frau Kopecka.

FRAU KOPECKA: Wenn er mir verspricht, daß er es für einen unschuldigen Jux betrachtet und sich nix draus macht, könnt ich ja seine Hand anschaun.

SS-MANN *plötzlich zögernd:* Ich möcht Sie nicht zwingen, Sie sagen, Sie machens ungern.

FRAU KOPECKA *bringt ihm sein Bier:* Ich mein auch, Sie lassens lieber und trinken Ihr Bier.

DIE DICKE FRAU *gedämpft zu den Dambrettspielern:* Wenn Sie an kalte Füße leiden, is Baumwolle gut.

SCHWEYK *setzt sich zu Baloun:* Ich hab was Geschäftliches mit dir zu beredn, ich wer mit die Deutschen zusammen arbeitn über einen Hund und brauch dich.

BALOUN: Ich bin zu nix aufgelegt.

SCHWEYK: Es wird was für dich dabei herausschaun. Wenn du die Marie hättst, könntst du mit deinem Appetit aufn schwarzen Markt gehn und gleich hättst du was.

BALOUN: Der junge Prochazka kommt nicht. Wieder nix als gequetschte Kartoffeln, noch so eine Enttäuschung überleb ich nicht.

SCHWEYK: Ich könnt mir denken, wir mechtn einen kleinen Verein gründen, sechs bis acht Mann, wo alle bereit wärn, ihr Achtelpfund Fleisch zusammenzulegn, und du hast eine Mahlzeit.

BALOUN: Aber wie die findn?

SCHWEYK: Das is wahr, es mecht nicht gehn. Sie wern sagn, für so einen Schandfleck wie dich, ohne Willensstärk als ein Tschech, denken sie nicht daran, sich was vom Mund abzusparn.

BALOUN *düster:* Das ist sicher, sie scheißen mir was.

SCHWEYK: Kannst du dich nicht zusammennehmen und an die Ehre von der Heimat denken, wenn diese Verführung an dich herantritt, und du siehst nur noch eine Kalbshaxen oder ein gut abgeröstetes Filet mit bissel Rotkraut, vielleicht Gurken? *Baloun stöhnt.* Denk einfach an die Schand, dies wär, wenn du schwach würdst!

BALOUN: Ich wer wohl müssen. *Pause.* Lieber Rotkraut als Gurken, weißt.

Der junge Prochazka tritt ein mit einer Aktentasche.

SCHWEYK: Da is er. Du hast zu schwarz gesehn, Baloun. Guten Tag, Herr Prochazka, wie gehts Geschäft?

BALOUN: Guten Tag, Herr Prochazka, gut, daß Sie da sind!

FRAU KOPECKA *mit einem Blick auf den SS-Mann:* Setzens Ihnen zu den Herrn, ich hab noch was zu erledigen. *Zum SS-Mann:* Ich glaub, Ihre Hand würd mich doch interessieren, könnt ich sie einmal anschaun? *Sie ergreift sie.* Ich hab mirs gedacht: Sie haben eine durch und durch interessante Hand. Ich mein, eine Hand, die für uns Astrologisten und Chiropraktiker fast unwiderstehlich ist, so intressant. Wieviele andere Herrn sind noch in Ihrer Abteilung?

SS-MANN *mühsam, wie beim Zahnziehen:* Im Sturm? Zwanzig. Warum?

FRAU KOPECKA: Ich dacht es mir. Das steht in Ihrer

Hand. Sie sind mit zwanzig Herrn auf Tod und Leben verbunden.

SS-MANN: Können Sie das wirklich schon in der Hand sehn?

SCHWEYK *ist hinzugetreten, heiter:* Sie wern sich noch wundern, was sie alles noch sehn kann. Sie is nur vorsichtig und sagt nix, was nicht ganz sicher is.

FRAU KOPECKA: Ihre Hand hat was Elektrisches, Sie haben Glück bei den Fraun, was aus dem gut ausgebildeten Venushügel hervorgeht. Man schmeißt sich Ihnen sozusagen an den Hals, is aber dann oft angenehm überrascht und möchte das Erlebnis fürs Leben nicht missen. Sie sind ein ernster Charakter, beinah streng in Ihren Äußerungen. Ihre Erfolgslinie is enorm.

SS-MANN: Was bedeutet das?

FRAU KOPECKA: Es is nix mit Geld, es is viel mehr. Sehen Sie das H, die drei Linien hier? Das is eine Heldentat, die Sie begehn wern, und zwar sehr bald.

SS-MANN: Wo? Können Sie sehn, wo?

FRAU KOPECKA: Nicht hier. Auch nicht in Ihrer engeren Heimat. Ziemlich weit weg. Das is etwas Merkwürdiges, was ich nicht recht versteh. Es waltet sozusagen ein Geheimnis um diese Heldentat, so als ob nur Sie selber und die bei Ihnen in dieser Stunde davon wissen, sonst niemand, auch nie nachher.

SS-MANN: Wie kann das sein?

FRAU KOPECKA *seufzt:* Ich weiß nicht, vielleicht is es aufn Schlachtfeld, an einem vorgeschobenen Posten oder so. *Wie in Verwirrung:* Aber jetzt is es genug, wie? Ich muß meine Arbeit weitermachen, es is ja auch nur ein Jux, das haben Sie mir versprochen.

SS-Mann: Aber jetzt dürfen Sie nicht aufhören. Ich will mehr über das Geheimnis wissen, Frau Kopecka.

Schweyk: Ich find auch, Sie sollten den Herrn nicht hangen und bangen lassen. *Frau Kopecka zwinkert ihm so zu, daß es der SS-Mann sehen kann.* Aber vielleicht is es auch genug, warum, manches weiß man besser nicht. Der Schullehrer Warczek hat einmal nachgeschlagen im Lexikon, was Schizziphonie bedeutet, und danach hat man ihn nach Ilmenau in die Irrenanstalt abführen müssen.

SS-Mann: Sie haben mehr in meiner Hand gesehen.

Frau Kopecka: Nein, nein, es war alles. Lassens mich schon.

SS-Mann: Sie verheimlichen, was Sie gesehen haben. Sie haben dem Herrn auch deutlich zugezwinkert, er solls abbrechen, weil Sie nicht mit dèr Sprache herauswollen, aber das gibts nicht.

Schweyk: Das is wahr, Frau Kopecka, das gibts nicht bei der SS, ich hab sofort auch mit der Sprache herausrickn müssen auf der Gestapo, ob ich wolln hab oder nicht, sofort hab ich zugestandn, daß ich dem Führer ein langes Lebn wünsch.

Frau Kopecka: Mich kann keiner zwingen, daß ich einem Kunden was sag, was für ihn unangenehm is, so daß er mir nicht mehr kommt.

SS-Mann: Sehen Sie, Sie wissen was und sagens nicht, Sie haben sich verraten.

Frau Kopecka: Das zweite H is auch ganz undeutlich, der Hundertste würds gar nicht bemerken.

SS-Mann: Was ist das für ein zweites H?

Schweyk: Noch ein Krügl Frau Kopecka, es is so spannend, daß ich Durst krieg.

Frau Kopecka: Es is immer dasselbe, man kommt nur in Ungelegenheiten, wenn man nachgibt und eine Hand anschaut nach bestem Wissen und Gewissen. *Bringt Schweyk das Bier.* Das zweite H hab ich nicht erwartet, aber wenn es da is, was soll ich machen? Wenn ichs Ihnen sag, sind Sie deprimiert, und machen können Sie doch nix.

SS-Mann: Und was ist es?

Schweyk *freundlich:* Es muß was Schweres sein, wie ich die Frau Kopecka kenn, so hab ich sie noch nicht gesehn, und sie hat schon manches in einer Hand erblickt. Können Sies wirklich aushaltn, fühln Sie sich stark?

SS-Mann *heiser:* Was ists?

Frau Kopecka: Und wenn ich Ihnen nachher sag, daß das zweite H den Heldentod bedeutet, das heißt, für gewöhnlich, und wenn Sies dann deprimiert? Sehen Sie, jetzt sind Sie unangenehm berührt. Ich habs gewußt. Drei Biere, das macht zwei Kronen.

SS-Mann *zahlt zerschmettert:* Es ist alles Unsinn. Aus der Hand lesen. Das gibts nicht.

Schweyk: Da haben Sie recht, nehmen Sies auf die leichte Achsel.

SS-Mann *im Gehen:* Heil Hitler!

Frau Kopecka *ihm nachrufend:* Versprechens mir, daß Sies wenigstens den andern Herrn nicht sagen.

SS-Mann *bleibt stehen:* Welchen andern Herrn?

Schweyk: Von Ihrer Abteilung! Wissens, die zwanzig.

SS-Mann: Was gehts die an?

Frau Kopecka: Es is nur, weil die mit Ihnen auf Tod und Leben verbundn sind. Daß sich die nicht unnötig aufregen!

42

Der SS-Mann geht fluchend ab.

FRAU KOPECKA: Kommens wieder!

DIE DICKE FRAU *lachend:* Sie sind gut, Sie können so bleiben, Frau Kopecka.

SCHWEYK: Den Sturm hamer fertig gemacht. Packens die Aktentasche aus, Herr Prochazka, der Baloun hälts schon nicht mehr aus.

FRAU KOPECKA: Ja, geben Sie schon, Herr Rudolf, das is schön von Ihnen, daß Sies gebracht haben.

DER JUNGE PROCHAZKA *schwach:* Ich habs nicht. Wie ich gesehn hab, daß sie den Herrn Schweyk mitgenommen haben, hats mir einen Ruck gegebn, ich habs die ganze Nacht vor Augen gehabt. Guten Tag, Herr Schweyk, Sie sind ja zurück, ich hab mich nicht getraut, ich gestehs ein, es is mir schrecklich wegen Ihnen, Frau Kopecka, daß ich Sie blamier vor den Herrn, aber es is stärker als ich. *Verzweifelt:* Bitte, sagens doch was, alles is besser als dieses Schweigen.

BALOUN: Nix.

FRAU KOPECKA: So, Sie hams nicht. Vorhin, wie Sie gekommen sind, ham Sie aber genickt, als ich Ihnen angedeutet hab, ich muß erst den SS-Mann wegärgern, als ob Sies hätten.

DER JUNGE PROCHAZKA: Ich hab mich nicht getraut ...

FRAU KOPECKA: Sie missen nichts mehr sagen. Ich weiß jetzt Bescheid mit Ihnen. Sie haben die Prüfung als ein Mann und ein Tscheche nicht bestanden. Gehns weg, feiger Mensch, und betretn Sie diese Schwelle nicht mehr.

DER JUNGE PROCHAZKA: Ich habs nicht besser verdient. *Schleicht weg.*

SCHWEYK *nach einer Pause:* Was Handlesen betrifft: Der Frisör Krisch aus Mnischek, kennt ihr Mnischek? hat auf der Kirchweih aus der Hand prophezeit und sich besoffen mitn Honorar, und ein junger Bauer hatn mit sich nach Haus genommen, daß er ihm prophezeit, wenn er zu sich kommt, und er hat vorn Einschlafen gefragt: „Wie heißen Sie? Ziehn Sie mir aus der Brusttasche mein Notizbuch heraus. Also Sie heißen Kunert. Kommen Sie in einer Viertelstund, und ich laß Ihnen einen Zettel mit dem Namen Ihrer zukünftigen Frau Gemahlin hier." Dann hat er angefangen zu schnarchen. Is aber wieder aufgewacht und hat was in sein Notizbuch geschmiert. Er hats wieder herausgerissen, was er geschrieben hat, es auf die Erd geschmissen und den Finger an den Mund gelegt und gesagt: „Jetzt noch nicht, bis in einer Viertelstunde. Am besten wirds sein, wenn Sie den Zettel mit verbundenen Augen suchen wern!" Aufn Zettel hat dann gestandn: „Der Name Ihrer zukünftigen Frau Gemahlin wird lauten: Frau Kunert."

BALOUN: Das is ein Verbrecher, der Prochazka.

FRAU KOPECKA *zornig:* Redens keinen Unsinn. Die Verbrecher sind die Nazis, wo die Leut so lang bedrohn und martern, bis sie ihre bessere Natur verleugnen. *Schaut durchs Fenster.* Der da kommt jetzt, is ein Verbrecher, nicht der Rudolf Prochazka, der schwache Mensch.

DIE DICKE FRAU: Ich sag: Mir sin mit schuld. Ich könnt mir vorstelln, daß man mehr machet als Slibowitz trinkn und Witze.

SCHWEYK: Verlangens nicht zu viel von sich. Es is

schon viel, wenn man überhaupt noch da is heutzu-
tag. Da is man leicht so bescheftigt mit Ieberlebn,
daß man zu nix anderm kommt.

*Herein kommt Herr Brettschneider mit dem SS-Mann
von gestern.*

SCHWEYK *heiter:* Winsche einen guten Tag, Herr Brettschneider. Nehmens ein Bier? Ich arbeit jetzt mit der
SS. Das kann mir nicht schadn.

BALOUN *tückisch:* Raus.

BRETTSCHNEIDER: Wie meinen Sie das?

SCHWEYK: Wir ham vom Essen geredet, und Herrn
Baloun is der Refrain zu einem volkstümlichen Lied
eingefalln, nach dem wir gesucht ham. Das Lied is
hauptsächlich auf Kirchweihn gesungen und geht
über die Zubereitung von Rettich, in der Gegend
von Mnischek gibts die großen schwarzen, Sie wern
davon gehert ham, sie sind beriehmt. Ich mecht, daß
du dem Herrn Brettschneider das Lied vorsingst,
Baloun, es wird dich aufheitern. Er hat eine schöne
Stimm und singt sogar im Kirchenchor.

BALOUN *finster:* Ich sings. Es geht auf Rettich.

*Baloun singt das „Lied von der Zubereitung des
schwarzen Rettichs". Während des ganzen Liedes
schwankt Brettschneider, auf den alle schauen, ob er
einschreiten soll oder nicht. Er setzt sich immer wieder
nieder.*

BALOUN *singt:*
Am besten einen von den schwarzen, großen
Sag zu ihm freudig: „Bruder, du mußt raus."

Doch zieh den Bruder lieber nicht mit bloßen
Pratzen aus.
   Nimm einen Handschuh, denn der Rettich
                             lebt in Dreck.
   Vor dem Haus. Er muß weg.
   Raus.

Du kannst ihn dir auch kaufen (für ein Nickel)
Doch wie gesagt, er muß gewaschen sein.
Wenn er geschnitten is in kleine Stickel
Salz ihn ein.
   Reibs in die Wunde, daß er merkt, daß ihm
                             nichts nitzt.
   Salz hinein! Bis er schwitzt.
   Salz ihn ein.

ZWISCHENSPIEL
IN DEN HÖHEREN REGIONEN

Hitler und sein Reichsmarschall Göring vor einem Tank-
modell. Beide sind überlebensgroß. Kriegerische Musik.

HITLER:
   Mein lieber Göring, es ist jetzt das vierte Jahr
   Und mein Krieg ist gewonnen um ein Haar
   Nur verbreitert er sich konstant über neue Zonen
   So brauch ich jetzt neue Tanks, Bomber und
                          Kanonen.
   Das heißt, die Leute müssen aufhören, nur
                  so herumzusitzen
   Und müssen für meinen Krieg arbeiten, bis sie
                     Blut schwitzen.

Und da frag ich Sie alsdann:
Wie ist es in Europa mit dem k l e i n e n M a n n ?
Wird er für meinen Krieg arbeiten?

GÖRING:
Mein Führer, das ist selbstverständlich in solchen
                                                    Zeiten.
Der kleine Mann arbeitet für Sie in Europa
                                          genau so gut
Wie der kleine Mann in Deutschland das tut.
Dafür sorgt mein Kriegsarbeitsdienst.

HITLER:
Gut. So eine Organisation scheint mir ein
                                        großer Gewinst.

4

An einer Bank in den Moldauanlagen. Es ist Abend.
Ein Pärchen kommt, bleibt enggeschmiegt stehen, die
Moldau hinten zu betrachten, und geht weiter. Dann
kommen Schweyk und sein Freund Baloun. Sie schauen
zurück.

SCHWEYK: Der Vojta is gemein zu die Dienstmädchen,
    sie is schon die dritte seit Lichtmeß und will schon
    weg, her ich, weil die Nachbarn sie triezen, weil sie
    bei einem Herrn is, wo ein Quisling is. Da is es ihr
    gleich, wenn sie ohne Hund heimkommt, sie muß
    nur nix dafir können. Du setzt dich schon vorher
    hin, sie mechte sich nicht auf die Bank setzen, wo
    niemand sitzt.
BALOUN: Soll ich nicht die Pferdewurst haltn?

SCHWEYK: Daß du sie mir auffrißt? Setz dich schon hin.

Baloun setzt sich auf die Bank. Zwei Dienstmädchen kommen, Anna und Kati, die erstere mit einem Spitz an der Leine.

SCHWEYK: Verzeihn Sie, Fräulein, wo geht man hier in die Palacky Straße?

KATI *mißtrauisch:* Gehns übern Hawlitschekplatz. Komm, Anna.

SCHWEYK: Entschuldigens, daß ich noch frag, wo der Platz is, ich bin fremd hier.

ANNA: Ich bin auch fremd hier. Komm, Kati, sags dem Herrn.

SCHWEYK: Das is aber gelungen, daß Sie auch fremd sind, Fräulein. Das hätt ich gar nicht gemerkt, daß Sie nicht aus der Großstadt sind und so ein nettes Hunterl. Woher sind Sie?

ANNA: Ich bin aus Protowin.

SCHWEYK: Da sind wir nicht weit voneinander her, ich bin aus Budweis.

KATI *will sie wegziehen:* Komm schon, Anna.

ANNA: Gleich. Da kennen Sie wohl auch in Budweis aufn Ring den Fleischer Pejchara?

SCHWEYK: Wie denn nicht! Das is mein Bruder. Den ham bei uns alle gern, er is sehr brav, dienstfertig, hat gutes Fleisch und gibt gute Zuwaag.

ANNA: Ja.

Pause. Kati wartet ironisch.

SCHWEYK: Das is reiner Zufall, daß man sich in der Fremde so trifft, nicht? Habens ein bissel Zeit? Wir missn uns was aus Budweis erzähln, da is eine Bank mit hibscher Aussicht, das is die Moldau.

KATI: Wirklich. *Mit feiner Ironie:* Das is mir neu.

ANNA: Da sitzt schon jemand.

SCHWEYK: Ein Herr, wo die Aussicht genießt. Auf Ihren Hund solltens gut aufpassn.

ANNA: Warum?

SCHWEYK: Ich will nix gesagt haben, aber die Deutschen haben eine Vorliebe für Hunde, daß es erstaunlich is, speziell die SS, so ein Hund is weg, vor Sie umschaun, sie schickens heim, ich hab selbst neulich einen Scharführer mit Namen Bullinger getroffn, wo einen Spitz hat haben wolln für seine Gemahlin in Köln.

KATI: Sie verkehrn also mit Scharführer und solche Leut? Komm, Anna, jetzt is es aber genug.

SCHWEYK: Ich hab ihn gesprochen, wie ich verhaftet war, wegen Äußerungen, wo die Sicherheit des Dritten Reichs bedroht ham.

KATI: Is das wahr? Dann nehm ichs zurück. Wir ham noch ein bissel Zeit, Anna.

Sie geht voran auf die Bank zu. Die drei setzen sich neben Baloun.

KATI: Was habens denn geäußert?

SCHWEYK *deutet an, daß er wegen des fremden Herrn nicht darüber reden kann, und spricht besonders harmlos:* Gefallts Ihnen in Prag?

ANNA: Schon, aber einem Mann kann man nicht trauen hier.

SCHWEYK: Das is nur allzu wahr, ich bin froh, daß Sies wissen. Aufn Land sind die Leut entschiedn

ehrlicher, hab ich recht? *Zu Baloun:* Eine hibsche
Aussicht, nicht wahr, Herr Nachbar?

BALOUN: Nicht schlecht.

SCHWEYK: Das is was für einen Photographen.

BALOUN: Als Hintergrund.

SCHWEYK: Ein Photograph mecht was draus machen.

BALOUN: Ich bin ein Photograph. Wir ham die Moldau
auf ein Paravent gemalt im Atelier, wo ich arbeit,
bissel malerischer. Wir benutzens für die Deutschen,
hauptsächlich die SS, wo sich davorstellt für nach
Haus, wenns einmal wegmissn und nicht mehr her-
können. Es is aber nicht die Moldau, sondern irgend-
ein Dreckfluß.

Die Mädchen lachen beifällig.

SCHWEYK: Das is ja recht intressant, was Sie erzähln.
Könntens nicht einmal die Fräuleins abknipsen, ein
Brustbild, entschuldigen Sie, so heißt das.

BALOUN: Ich könnt.

ANNA: Das wär fein. Aber nicht vor Ihrer Moldau, gelt?

*Der Witz wird ausgiebig belacht, dann entsteht eine
Pause.*

SCHWEYK: Kennens den: Von der Karlsbrücken aus
hert ein Tschech ein deitschen Hilfeschrei aus der
Moldau. Er hat sich nur ieber die Bristung gehängt
und hinuntergerufn: „Schrei nicht, hättst schwim-
men gelernt statt deitsch!"

Die Mädchen lachen.

SCHWEYK: Ja, das is die Moldau. In Kriegszeiten
kommt da viel Unsittliches vor in die Anlagen.

KATI: In Friedenszeiten auch.

BALOUN: Und bei den Maiandachten.

SCHWEYK: Bis nach Allerheiligen im Freien.

KATI: Und in geschlossenen Räumen is nix?

BALOUN: Doch, auch viel.

ANNA: Und im Kino.

Sie lachen wieder alle sehr.

SCHWEYK: Ja, die Moldau. Kennens das Lied „Heinrich schlief bei seiner Neuvermählten"? Das wird im Mährischen viel gesungen.

ANNA: Meinen Sie das, was weitergeht: „jener reichen Erbin von dem Rhein"?

SCHWEYK: Das mein ich. *Zu Baloun:* Is Ihnen was ins Auge gekommen? Reibens nicht. Würden Sie dem Herrn einmal nachschauen, Fräulein, mitn Zipfel von einen Taschentuch am besten.

ANNA *zu Schweyk:* Würdens mir den Hund halten? In Prag muß man vorsichtig sein. Hier fliegt lauter Ruß.

SCHWEYK *bindet den Hund lose an den Laternenpfahl neben der Bank:* Entschuldigens mich, aber jetzt muß ich in die Palacky Straße in Geschäften. Ich hätt Sie gern noch das Lied singen hern, aber es geht nicht. Guten Abend. *Ab.*

KATI *während Anna dem Baloun mit einem Taschentuchzipfel im Aug fischt:* Der Herr hats aber eilig.

ANNA: Ich kann nichts finden.

BALOUN: Es is auch schon besser. Was für ein Lied is das?

ANNA: Sollen wirs Ihnen noch vorsingen? Vor wir gehn müssen? Ja, gib schon Ruh, Lux. Wenn ich dich und deinen Herrn nimmer seh, bin ich auch froh.

Zu Baloun: Er hälts zu sehr mit die Deutschen. Ich fang an.

Die beiden Dienstmädchen singen die Moritat „Heinrich schlief bei seiner Neuvermählten" mit vielem Gefühl. Währenddem lockt Schweyk hinter einem Strauch mit einer winzigen Wurst den Hund an sich, mit dem er sich entfernt.

BALOUN *wenn das Lied verklungen ist:* Das ham Sie schön gesungn.

KATI: Und jetzt gehn wir. Jesus Maria, wo is der Hund?

ANNA: Marandjosef, jetzt is der Hund weg. Er läuft nie fort. Was wird der Herr Ministerialrat sagn!

BALOUN: Er wird die Deitschen antelephonieren, wo seine Freinde sind, das is alles. Regen Sie sich nicht auf, Sie können nix dafir. Der Herr muß ihn zu los angebunden ham, mir wars, als hätt ich einen Schattn gesehn unterm Singen, dort.

KATI: Schnell, wir gehn auf die Polizeifundstelle.

BALOUN: Kommens einmal an einem Samstagabend in den „Kelch", Hußgasse 7!

Sie nicken Baloun zu und gehen schnell weg. Baloun besieht sich wieder die Aussicht. Das Pärchen von vorhin kommt zurück, jedoch nicht mehr aneinander geschmiegt. Dann kommt Schweyk, den Spitz an der Leine.

SCHWEYK: Er is der echte Hund von einem Quisling, wo beißt, wenn man nicht hinschaut. Am Weg hat er mir schreckliche Sachen aufgeführt. Wie ich über die Schienen gegangn bin, hat er sich hingelegt und

wollt sich nicht riehrn. Vielleicht hat er sich ieber-
fahrn lassen wolln, der Verbrecher. Jetzt komm.

BALOUN: Is er geflogn auf die Pferdewurst? Ich hab
gedacht, der frißt nur Kalbfleisch.

SCHWEYK: Der Krieg is kein Honiglecken. Nicht einmal für die Rassehunde. Ich geb ihn aber dem Bullinger nur, wenn das Geld hinterlegt is, sonst betrigt
er. Kollaboration missens zahln.

*Ein langer finster aussehender Mensch ist im Hinter-
grund aufgetaucht und hat die beiden beobachtet. Jetzt
nähert er sich ihnen.*

DAS INDIVIDUUM: Meine Herren, gehen Sie hier spa-
zieren?

SCHWEYK: Ja, und was geht Sies an?

DAS INDIVIDUUM: Würden sich die Herren legitimieren? *Er zeigt ihnen eine amtliche Marke.*

SCHWEYK: Ich hab nix bei mir zum Legitimieren, hast du?

BALOUN *schüttelt den Kopf:* Wir ham nix gemacht.

DAS INDIVIDUUM: Ich halte Sie nicht an, weil Sie was
gemacht haben, sondern weil ich den Eindruck habe,
daß Sie nichts machen. Ich bin vom freiwilligen
Arbeitsdienst.

SCHWEYK: Sind Sie einer von die Herrn, wo vor Ki-
nos und in Biergärten herumgehn missn und Leut
für die Betriebe aufstöbern?

DAS INDIVIDUUM: Was ist Ihre Beschäftigung?

SCHWEYK: Ich hab ein Geschäft mit Hunden.

DAS INDIVIDUUM: Haben Sie eine Bescheinigung, daß
Ihr Betrieb kriegswichtig ist?

SCHWEYK: Euer Hochwohlgeborn, das nicht. Es is aber
kriegswichtig, auch im Krieg mecht einer einen

Hund ham, damit er in der schweren Zeit einen Freund an der Seiten hat, gelt, Spitz? Die Menschn sind viel ruhiger durch ein Bombardement, wenn sie ein Hund anschaut, als wollt er sagn: „Muß das sein?" Und der Herr ist Photograph, das is vielleicht noch kriegswichtiger, denn er photographiert Soldatn, daß sie zu Haus wenigstens Photographien ham von ihre Lieben, was besser wie nix is, das missns zugebn.

DAS INDIVIDUUM: Ich glaube, ich nehme Sie besser auf die Dienststelle mit, aber ich rate Ihnen, dort Ihre Blödeleien zu lassen.

BALOUN: Aber wir ham den Hund in höherem Auftrag gefangen, erzähls.

SCHWEYK: Da is nix zu erzähln. Der Herr is auch in höherem Auftrag.

Sie gehen mit ihm.

SCHWEYK: Ihre Beschäftigung is also, daß Sie Menschen fangn?

5

Mittagspause auf dem Prager Güterbahnhof. Auf den Schienen sitzen Schweyk und Baloun, nunmehr Waggonschieber im Dienst Hitlers, bewacht von einem bis an die Zähne bewaffneten deutschen Soldaten.

BALOUN: Ich mecht wissen, wo die Frau Kopecka mitn Essen bleibt? Hoffentlich is ihr nix zugestoßn?

EIN TRAINLEUTNANT *im Vorbeigehen zum Soldaten:*

Wache! Wenn Sie gefragt werden, welcher von den Waggons dort nach Niederbayern soll, merken Sie sich, d e r , Nummer 4268.

DER SOLDAT *steht stramm:* Zu Befehl.

SCHWEYK: Bei die Deitschen is alles Organisation. Die ham jetzt eine Organisation, wie die Welt sie noch nicht gesehn hat. Wenn der Hitler aufn Knopf drickt, is schon, sagen wir, China hin. Den Papst in Rom ham sie in ihre Listen mit was er alles über sie gesagt hat, er is schon verloren. Und auch ein Unterer, ein SS-Führer, du siehst noch, wie er aufn Knopf drickt, und schon is deine Urne bei deiner Witwe abgeliefert. Mir können von Glick sagn, daß wir hier sind und eine stark bewaffnete Wache ham, wo aufpaßt, daß wir keine Sabotasch veribn und so erschossen wern.

Die Kopecka kommt eilig mit Emailgeschirr. Der Soldat studiert geistesabwesend ihren Passierschein.

BALOUN: Was ists?

FRAU KOPECKA: Karottenkotlett und Erdepfelwirstln. *Während die beiden, auf den Knien das Geschirr, essen, leise:* Der Hund muß mir ausn Haus. Er is schon politisch geworn. Fressen Sies nicht so hinein, Herr Baloun, Sie kriegen Geschwüre.

BALOUN: Nicht von Erdepfeln, vielleicht von Kapaun.

FRAU KOPECKA: Im Tagblatt is heut gestandn, daß es sich bei dem Verschwinden des Hunds vom Ministerialrat Vojta um einen Racheakt der Bevölkerung an einem deutsch-freundlichen Beamten handelt. Er wird jetzt gesucht, damit man dieses Nest von subversive Elemente ausbrennt. Er muß mir noch heut ausn „Kelch".

SCHWEYK *essend:* Es kommt bissel ungelegn. Ich hab erst gestern dem Herrn Scharführer Bullinger einen Eilbrief geschriebn, daß ich 200 Kronen verlang für ihn und ihn vorher nicht ausliefer.

FRAU KOPECKA: Herr Schweyk, Sie spieln mit Ihren Lebn, wenns solche Brief schreibn.

SCHWEYK: Ich glaub nicht, Frau Kopecka. Der Herr Bullinger is eine große Sau, aber er wirds natierlich finden, daß Geschäft Geschäft is, sonst hert alles auf, und den Spitz, hab ich gehert, brauch er für seine Gemahlin in Köln. Ein Kollaborationist arbeit nicht für nix, sondern umgekehrt, er verdient jetzt sogar mehr, weil er von seine Landsleute verachtet wird. Dafür muß ich entschedigt wern, warum sonst?

FRAU KOPECKA: Sie können doch nicht Geschäfte machen, wenns hier sitzen?

SCHWEYK *freundlich:* Ich wer hier nicht alt wern. Ich hab sie schon ein Waggon mit Seife gekost. Es is nicht schwer. In Österreich hat das Eisenbahnpersonal einmal, wie das Streiken von der Regierung verbotn gewesn is, den ganzen Verkehr für acht Stunden lahmgelegt, indem sie nix anders gemacht ham, als alle Vorschriften beachtet, wo für die Sicherheit des Verkehrs bestanden ham.

FRAU KOPECKA *energisch:* Der Hund muß aber doch ausn „Kelch", Herr Schweyk. Ich genieß eine gewisse Protektion vom Herrn Brettschneider, wo immer noch hofft, daß ich was mit ihm mach, aber die reicht nicht weit.

Schweyk hört ihr nur halb zu, da zwei deutsche Soldaten einen großen Kessel, der dampft, vorbeigetragen und der Wache in den Aluminiumteller Gulasch geschenkt haben. Baloun, der längst mit Essen fertig ist, ist aufgestanden und dem Suppenschwaden, wie in Trance, schnuppernd ein Stück nachgegangen.

SCHWEYK: Ich wer ihn abholn. Schauns sich das an!

DER DEUTSCHE SOLDAT *ruft Baloun scharf nach:* Halt!

FRAU KOPECKA *zu Baloun, der mißmutig und erregt zurückkommt:* Nehmens Ihnen doch zusammen, Herr Baloun.

SCHWEYK: In Budweis hat ein Doktor eine solche Zukkerkrankheit gehabt, daß er hechstens noch bissel Reissuppe hat zu sich nehmen dürfn, und ein Trumm von einem Mann. Er hats nicht ausgehaltn und immer schon heimlich noch die Ieberreste in der Speis gefressn und es genau gewußt. Dann is es ihm zu dumm geworn, und er hat sich von seiner Haushälterin, wo so geflennt hat, daß sie kaum hat auftragn können, ein Mahl von sieben Gängen bestellt, mit Mehlspeis und allem und dazu aufn Grammophon einen Trauermarsch spielen lassen, und er is auch davon draufgegangn. Mit dir wirds nicht anders gehn, Baloun. Du wirst unter einem russischen Tank enden.

BALOUN *noch immer am ganzen Körper zitternd:* Sie gebn Gulasch.

FRAU KOPECKA: Ich muß gehn. *Sie nimmt das Geschirr auf und geht.*

BALOUN: Ich will mirs nur ansehn. *Zu dem essenden Soldaten:* Sind die Portionen immer so groß in der

Armee, Herr Soldat? Die Ihre is hibsch groß. Aber vielleicht is es nur auf Wache, daß Sie gut wach bleibn, sonst könntn wir Ihnen davon, wie? Könnt ich vielleicht einmal dran riechen?

Der Soldat sitzt essend, aber dazwischen die Lippen bewegend.

SCHWEYK: Frag ihn nichts. Siehst du nicht, daß er die Zahl auswendig lernen muß, sonst geht ihm der falsche Waggon nach Niederbayern, du Rindvieh. *Zum Soldaten:* Sie ham recht, daß Sie sichs gut merkn, es kommt viel vor. Man is schon davon abgekommen, den Bestimmungsort auf die Waggons aufzumaln, weil die Sabotöre es abgewischt und falsche Adressen aufgemalt ham. Was is es denn für eine Nummer, 4268, nicht? Also, da brauchen Sie nicht eine halbe Stunde mitn Lippen zähln. Ich wer Ihnen sagn, was Sie machen missn, ich habs von einem Beamten in der Abteilung, wos die Lizenzen für Gewerbetreibende ausgebn, der hats einem Hausierer, wo sich seine Nummer nicht hat merken können, so erklärt. Ich erzähls Ihnen an Ihrer Nummer, daß Sie sehn, wie leicht es is. 4268. Die erste Ziffer is ein Vierer, die zweite ein Zweier. Merken Sie sich also schon 42, das is zweimal 2, das is der Reihe nach von vorn 4, dividiert durch 2 und wieder ham Sie nebeneinander 4 und 2. Jetzt erschrecken Sie nicht. Wieviel ist zweimal 4? 8, nicht wahr! Also graben Sie sich ins Gedächtnis ein, daß der Achter, was in Nummer 4268 is, der Letzte in der Reihe is, so brauchen Sie sich also nur noch zu merken, daß die erste Zahl eine 4 is, die zweite eine 2, die vierte eine

8 und jetzt merken Sie sich noch irgendwie gescheit die 6, was vor die 8 kommt. Das is schrecklich einfach. Die erste Ziffer is eine 4, die zweite eine 2, 4 und 2 is 6. Also, da sind Sie schon sicher, die zweite vom Ende is eine 6, und schon, würd der Herr ausm Gewerbeamt gesagt ham, schwindet uns die Reihenfolge der Ziffern niemehr ausn Gedächtnis. Sie können zum selben Resultat noch einfacher kommen. Die Art hat er dem Hausierer auch erklärt, ich wiederhol sie Ihnen an Ihrer Nummer.

Der Soldat hat ihm mit weitgeöffneten Augen zugehört. Seine Lippen haben aufgehört sich zu bewegen.

SCHWEYK: 8 weniger 2 is 6. Also weiß er schon 6. 6 weniger 2 is 4, so weiß er also schon 4. 8 und die 2 dazwischen gibt 4-2-6-8. Es ist auch nicht anstrengend, wenn mans noch anders macht, mit Hilfe von Multipliziern und Dividiern. Da kommt man so zu einem Resultat: merken Sie sich, hat der Beamte gesagt, daß zweimal 42 gleich 84 is. Das Jahr hat 12 Monate. Man zieht also 12 von 84 ab, und es bleibt uns 72, davon noch 12 Monate, das ist 60. Wir ham also schon eine sichere 6, und die Null streichen wir. Wir wissen also 42-6-84. Wenn wir die Null gestrichen ham, streichen wir auch hinten die 4 und ham wieder unsere Nummer komplett. Auch mitn Dividiern gehts, nämlich so. Wie is doch gleich unsre Nummer?

EINE STIMME VON HINTEN: Wache, wie is die Nummer von dem Waggon, der nach Niederbayern soll?

DER SOLDAT: Wie is sie?

SCHWEYK: Wartens, ich machs auf die Weise mit den

Monaten. Das sind 12, nicht wahr, sind wir uns da einig?

DER SOLDAT *verzweifelt:* Sagen Sie die Nummer.

DIE STIMME: Wache! Schlafen Sie?

DER SOLDAT *ruft:* Vergessen. Ver-ges-sen! *Zu Schweyk:* Dich soll der Teufel holen!

DIE STIMME *grob:* Er muß mitn 12 Uhr 50 nach Passau weg.

ANDERE ENTFERNTE STIMME: Dann nehmen wir den, ich glaub, das ist er.

BALOUN *befriedigt auf den Soldaten, der erschreckt nach hinten schaut:* Nicht hinriechen hat er mich lassen an sein Gulasch.

SCHWEYK: Ich kann mir denken, jetzt geht vielleicht nach Bayern ein Waggon mit Maschinengewehre. *Philosophisch:* Aber vielleicht mechten sie bis dahin in Stalingrad nix nötiger brauchen als Erntemaschinen und in Bayern wiederum schon Maschinengewehre. Wer kanns wissen?

6

Samstag abend im „Kelch". Unter anderen Gästen Baloun, Anna, Kati, der junge Prochazka und für sich zwei SS-Männer. Vom elektrischen Klavier Musik, zu der getanzt wird.

KATI *zu Baloun:* Ich habs dem Herrn Brettschneider mitgeteilt beim Verhör, daß ich schon vorher gehört hab, hinter dem Spitz is die SS her. Ich hab Ihren

Namen nicht genannt, nur den von Ihrem Freund, dem Herrn Schweyk. Und ich hab auch nix darüber geäußert, daß der Herr Schweyk so getan hat, als kennt er Sie nicht, weil er mit uns hat ins Gespräch kommen wolln. War das recht?

BALOUN: Mir is alles recht. Mich seht ihr nicht mehr lang hier. Das wird eine Ieberraschung sein, wie ich ankommen wer.

ANNA: Sie missn nicht so düster redn, Herr Baloun, es hilft nicht. Und der SS-Mann drübn wird mich noch zum Tanz auffordern, wenn ich nur so herumsitz. Forderns mich auf.

Baloun will sich erheben, als Frau Kopecka nach vorn kommt und klatscht.

FRAU KOPECKA: Meine Damen und Herrn, es geht auf halber neune, so ist es Zeit für die Beseda – *halb zu den SS-Leuten* –, wo unser Volkstanz is, was wir unter uns tanzen, und nicht jedem gefällt, aber uns. Musik auf Kosten des „Kelch".

Frau Kopecka steckt eine Münze in das Klavier und die Anwesenden tanzen die Beseda, und zwar sehr laut aufstampfend. Auch Baloun und Anna tanzen. Es wird zur Verscheuchung der SS-Leute getanzt, also mit Stolpern an ihrem Tisch usw.

BALOUN *singt:*

> Mit dem Mitternachtsglockenschlag
> Springt der Hafer aus dem Sack.
> Jupphejdija, jupphejda
> Jedes Weib gibt da.

Die anderen *fallen ein:*
> Laßt sich in die Backen zwacken.
> Und fast jede hat vier Backen.
> Jupphejdija, jupphejda
> Jedes Weib gibt da.

Die SS-Männer stehen fluchend auf und drängen sich hinaus. Nach dem Tanz kehrt Frau Kopecka aus dem Nebenzimmer zurück und spült ihre Gläser weiter, Kati bringt den ersten Gast der 3. Szene mit an den Tisch.

Der erste Gast: Die Volkstänze sind eine Neierung im „Kelch" und sehr beliebt, weil die Stammgäst wissen, daß Frau Kopecka das Moskauer Radio hert dabei.

Baloun: Ich wer nicht mehr viele mittanzen. Wo ich sein wer, wird keine Beseda getanzt.

Anna: Ich her, wir warn sehr unvorsichtig, daß wir in die Anlagen gegangn sind. Es is gefährlich wegn die deutschen Desertöre, wo einen anfalln.

Der erste Gast: Nur Herrn. Sie missn zu Zivilkleider kommen. Im Stromovkapark find man jedn Morgn deutsche Uniformen jetzt.

Kati: Wer da sein Anzug einbüßt, kriegt nicht so leicht mehr einen neuen. Die Kleiderkontrollstelle soll jetzt verbotn habn, daß noch Kleider und Hüte aus Papier gemacht wern. Wegn Papierknappheit.

Der erste Gast: Solche Ämter sind sehr beliebt bei die Deutschen, sie schießen ausn Boden wie Pilze. Es is ihnen um die Posten zu tun, daß sie nicht in den Krieg missn. Lieber die Tschechn schikaniern mit

Milchkontrolle, Lebensmittelkontrolle, Papierkontrolle und so. Druckpostn.

BALOUN: Bei mir werns triumphiern. Ich seh auf meine Zukunft als wie unvermeidlich.

ANNA: Ich weiß nicht, von was Sie redn.

BALOUN: Sie werns früh genug erfahrn, Fräulein Anna. Sie kennen sicher das Lied „Tauser Tor und Türen" von dem Maler, was jung gestorbn is. Mechtens mirs vorsingn, mir is danach.

ANNA *singt:*
Tauser Tor und Türen, der euch konnt verzieren
Der hat malen müssen und die Mädel küssen.
Aus dem kann nichts mehr werdn, liegt schon in der
Erdn.
Is es das?

BALOUN: Das is es.

ANNA: Jessas, Sie wern sich doch nichts antun, Herr Baloun?

BALOUN: Was ich mir antun wer, wird Sie mit Grausen erfülln, Fräulein. Ich wer nicht die Hand an mich legn, sondern schlimmer.

Herein Schweyk mit einem Paket unterm Arm.

SCHWEYK *zu Baloun:* Ich bin da mitn Gulaschfleisch. Ich will kein Dank, weil ich dein Kavalettel dafür nehm, was du in der Küche stehn hast.

BALOUN: Zeig her, is es Rind?

SCHWEYK *energisch:* Pfoten weg. Es wird nicht ausgepackt hier. Guten Abend, die Freileins, sind Sie auch hier?

ANNA: Guten Abend, wir wissen alles.

63

Schweyk *zieht Baloun weg in eine Ecke:* Was hast du ihnen wieder ausgeplauscht?

BALOUN: Nur, daß wir bekannt sind und es eine List war, daß wir uns nicht kennen. Ich hab nix mit ihnen zu redn gewußt. Mein Kavalettel hast du schon. Du reißt einen Freund vom Abgrund zurück, laß mich nur dazu riechen, durchs Papier. Die Frau Mahler von visavis hat mir schon 20 Kronen dafür gebotn, aber darauf schau ich nicht. Woher hast dus?

SCHWEYK: Es is vom schwarzen Markt, von einer Hebamm, wos vom Land hat. Sie hat bei einem Bauer ums Jahr 30 ein Kind zur Welt gebracht, wo einen kleinen Knochen im Mund gehaltn hat, da hat sie geweint und gesagt: Das bedeutet „mir wern alle noch stark hungern", das hat sie prophezeit, wie die Deutschen noch nicht im Land warn, und die Bäuerin hat ihr jedes Jahr ein Packerl geschickt, daß sie nicht hungert, aber heuer braucht die Hebamm das Geld für die Steuern.

BALOUN: Wenn nur die Frau Kopecka den echten Paprika hat!

FRAU KOPECKA *ist hinzugetreten:* Gehns an Ihren Tisch zurück, in einer halben Stund ruf ich Sie in die Küche. Inzwischen tuns, als ob nix wär. *Zu Schweyk, als Baloun an seinen Tisch zurückgegangen ist:* Was ist das für Fleisch?

SCHWEYK *vorwurfsvoll:* Frau Kopecka, ich wunder mich über Sie.

Frau Kopecka nimmt ihm das Paket aus der Hand und schaut vorsichtig hinein.

SCHWEYK *da er Baloun mit großen erregten Gesten zu den Dienstmädchen sprechen sieht:* Baloun is mir zu begeistert. Gebens reichlich Paprika hinein, daß es wie Rind schmeckt. Es is Roß. *Wenn sie ihn scharf anblickt:* Gut, es is der Spitz vom Herrn Vojta. Ich habs machen missn, weil die Schand aufn „Kelch" zurückfällt, wenn einer von Ihre Stammgäst aus Hunger bei die Deutschen einrückt.

EIN GAST AM SCHANKTISCH: Wirtschaft!

Frau Kopecka gibt Schweyk das Paket zum Halten, um schnell zu bedienen. In diesem Augenblick hört man ein schweres Auto vorfahren, und dann kommen SS-Männer herein, an der Spitze Scharführer Bullinger.

BULLINGER *zu Schweyk:* Ihre Haushälterin hat recht gehabt, daß Sie im Wirtshaus sein werden. *Zu den SS-Männern:* Platz schaffen! *Zu Schweyk, während die SS-Männer die andern Gäste zurückdrängen:* Wo hast du den Hund, Lump?

SCHWEYK: Melde gehorsamst, Herr Scharführer, in der Zeitung is gestandn, er is gestohln worn. Ham Sies nicht gelesn?

BULLINGER: So, du wirst frech?

SCHWEYK: Melde gehorsamst, Herr Scharführer, das nein. Ich wollt nur äußern, daß Sie die Zeitungen verfolgen, sonst mechtn Sie was nicht erfahrn und lassen es am Durchgreifn fehln.

BULLINGER: Ich weiß nicht, warum ich mich mit dir hinstelle, es ist pervers von mir, ich will wahrscheinlich nur sehen, wie weit ein solches Subjekt wie du vor seinem Tode geht.

SCHWEYK: Jawohl, Herr Scharführer, und weils den Hund habn wolln.

BULLINGER: Du gibst zu, daß du mir einen Brief geschrieben hast, daß ich 200 Kronen für den Hund zahlen soll?

SCHWEYK: Herr Scharführer, ich gesteh zu, daß ich die 200 Kronen hab haben wolln, weil ich Unkosten gehabt hätt, wenn der Spitz nicht gestohln worn wär.

BULLINGER: Wir werden noch reden darüber in der Petschekbank. *Zu den SS-Männern:* Ganze Wirtschaft durchsuchen nach einem Spitz! *Ein SS-Mann ab.*

Man hört, wie nebenan Möbel umgeworfen, Gegenstände zerbrochen werden usw. Schweyk wartet in philosophischer Ruhe, sein Paket im Arm.

SCHWEYK *plötzlich:* Wir ham auch einen guten Slibowitz hier.

Ein SS-Mann stößt im Vorbeigehn einen kleinen Menschen an. Im Zurückweichen tritt dieser einer Frau auf den Fuß und sagt „Entschuldigens", worauf der SS-Mann sich umwendet, ihn mit einem Knüppel niederdrischt und zusammen mit einem Kollegen auf ein Nicken Bullingers hinausschleppt. Daraufhin kommt ein SS-Mann mit Frau Kopecka zurück.

SS-MANN: Haus durchsucht, Hund nicht vorhanden.

BULLINGER *zur Kopecka:* Das ist ja ein nettes Wespennest subversiver Tätigkeit, was Sie da als unschuldiges Wirtshaus führen. Ich werd es euch aber ausbrennen.

SCHWEYK: Jawohl, Herr Scharführer, Heil Hitler.

Sonst mechtn wir frech wern und uns einen Schmarrn um die Vorschriften kimmern. Frau Kopecka, Sie missn Ihre Gaststätte so führn, daß alles durchsichtig is, wie das Wasser von einem klaren Teich, wie der Kaplan Vejwoda gesagt hat, wie er...

BULLINGER: Halts Maul, Lump. Ich werd dich wahrscheinlich mitnehmen und Ihr Lokal zusperren, Frau Koscheppa.

BRETTSCHNEIDER *der in der Tür erschienen ist:* Herr Scharführer Bullinger, kann ich ein Wort mit Ihnen unter vier Augen sprechen?

BULLINGER: Ich wüßte nicht, was ich mit Ihnen zu besprechen hätte. Sie wissen, für was ich Sie halte.

BRETTSCHNEIDER: Es handelt sich um neue Informationen über den Verbleib des entschwundenen Hundes des Vojta, die wir in der Gestapo erhalten haben und die Sie interessieren dürften, Herr Scharführer Bullinger.

Die beiden Herren gehen in eine Ecke und fangen an, wild zu gestikulieren. Brettschneider scheint zu entwickeln, Bullinger habe den Hund, dieser scheint zu sagen „Ich?" und in Empörung zu geraten usw.
Frau Kopecka ist gleichmütig zu ihrem Gläserspülen zurückgekehrt. Schweyk steht teilnahmslos und freundlich da. Da unternimmt unglücklicherweise Baloun den erfolgreichen Versuch, zu seinem Paket zu gelangen. Auf seinen Wink nimmt ein Gast es Schweyk weg und gibt es weiter. Es gelangt in Balouns Hände, und er fingert hemmungslos daran herum. Ein SS-Mann hat dem Wandern des Pakets interessiert zugesehen.

SS-MANN: Holla, was geht hier vor?

Mit ein paar Schritten ist er bei Baloun und nimmt ihm das Paket weg.

SS-MANN *das Paket Bullinger reichend:* Herr Scharführer, dieses Paket wurde soeben einem der Gäste, dem Mann dort, zugeschmuggelt.

BULLINGER *öffnet das Paket:* Fleisch. Eigentümer vortreten.

SS-MANN *zu Baloun:* Sie da! Sie haben das Paket geöffnet.

BALOUN *verstört:* Es ist mir zugeschobn worn. Es gehert mir nicht.

BULLINGER: So, es „gehert" Ihnen nicht, wie? Also anscheinend herrenloses Fleisch. *Plötzlich brüllend:* Warum haben Sie es dann geöffnet?

SCHWEYK *da Baloun keine Antwort weiß:* Melde gehorsamst, Herr Scharführer, daß der dumme Mensch unschuldig sein muß, weil er nicht hineingeschaut hätt, wenns ihm gehern würd, dann mecht er wissn, was drin is.

BULLINGER *zu Baloun:* Von wem hast du es bekommen?

SS-MANN *da Baloun wieder nicht antwortet:* Zuerst bemerkt hab ich diesen Mann – *auf den Gast, der das Paket Schweyk abgenommen hat* –, wie er das Paket weitergegeben hat.

BULLINGER: Woher hast dus bekommen?

DER GAST *unglücklich:* Es is mir zugesteckt worn, ich weiß nicht, von wem.

BULLINGER: Das Wirtshaus scheint eine Filiale des schwarzen Marktes zu sein. *Zu Brettschneider:* Für die Wirtin haben Sie soeben die Hand ins Feuer gelegt, wenn ich nicht irre, Herr Brettschneider.

FRAU KOPECKA *ist vorgetreten:* Meine Herren, der „Kelch" ist kein schwarzer Markt.

BULLINGER: Nein? *Schlägt ihr mit der Hand ins Gesicht.* Ich werds Ihnen zeigen, Sie tschechische Sau!

BRETTSCHNEIDER *aufgeregt:* Ich muß Sie bitten, die Frau Kopecka, die mir als unpolitische Person bekannt ist, nicht ungehört zu verurteilen.

FRAU KOPECKA *sehr blaß:* Sie schlagen mich nicht.

BULLINGER: Was, Gegenrede? *Schlägt sie wieder.* Abführen!

Da die Kopecka auf Bullinger loswill, schlägt ihr der SS-Mann übern Kopf.

BRETTSCHNEIDER *sich über die zu Boden Geschlagene beugend:* Das werden Sie zu verantworten haben, Bullinger. Es wird Ihnen nicht gelingen, das Augenmerk von dem Hund des Vojta abzulenken.

SCHWEYK *tritt vor:* Melde gehorsamst, ich kann alles aufklärn. Das Packerl gehert niemand hier. Ich weiß es, weil ich es selber hingelegt hab.

BULLINGER: Also du?

SCHWEYK: Es stammt von einem Herrn, der mirs zum Aufhebn gegeben hat und weggegangen is, aufn Abort, wie er mir gesagt hat. Es is ein Mittelgroßer mit einem blonden Bart.

BULLINGER *erstaunt über eine solche Ausrede:* Sag, bist du schwachsinnig!?

SCHWEYK *ihm ernst in die Augen blickend:* Wie ich Ihnen schon einmal erklärt hab, das ja. Ich bin amtlich von einer Kommission für einen Idioten erklärt worn. Ich bin auch ausn freiwilligen Arbeitsdienst deswegn herausgeflogn.

BULLINGER: Aber zum Schleichhandel bist du intelligent genug, wie? Du wirst in der Petschekbank noch begreifen, daß es dir einen Dreck nützt, wenn du hundert Bescheinigungen hast.

SCHWEYK *weich:* Melde gehorsamst, Herr Scharführer, daß ich das vollkommen begreif, daß es mir einen Dreck nützen wird, weil ich immer, schon von klein auf, in diese Schwulitäten geratn bin, wenn ich die allerbesten Absichten gehabt hab und allen hab machen wolln, was sie gebraucht ham. Wie in Großlobau, wo ich einmal der Frau vom Schuldiener beim Wäscheaufhängen hab helfen wolln, wenn Sie mit aufn Flur kommen würdn, könnt ich Ihnen sagn, was draus geworn is. Ich bin in den Schleichhandel hineingekommen wie der Pontius ins Credo.

BULLINGER *ihn anstarrend:* Ich weiß überhaupt nicht, warum ich dir zuhöre, und schon einmal vorher. Wahrscheinlich, weil ich einen solchen Verbrecher noch nicht gesehen hab und wie hypnotisiert auf ihn hinstarre.

SCHWEYK: Es muß sein, wie wenn Sie plötzlich einen Löwen sehn, auf der Karlstraße, wo er nicht üblich is oder wie in Chotebor ein Briefträger seine Frau erwischt hat mitn Hausbesorger, und sie erstechn is eins. Er geht gleich auf die Polizeiwache, sich angebn, und wie sie ihn gefragt ham, was er danach gemacht hat, hat er berichtet, er hat, wie er ausm Haus herausgetretn is, einen ganz nackten Menschen um die Eck gehn sehn, so daß sie ihn als geistesgestört ham laufn lassn, aber zwei Monate darauf is es bekannt geworn, daß um dieselbe Zeit ein Irrer ausn dortigen Krankenhaus entlaufen is und nackicht weg. Sie hams dem Briefträger nicht geglaubt, obwohls die Wahrheit war.

BULLINGER *erstaunt:* Ich hör dir immer noch zu. Ich kann mich nicht wegreißen. Ich weiß, was ihr glaubt. Daß das Dritte Reich vielleicht ein Jährchen dauert oder zehn Jährchen, aber wie lang wir uns halten, is vermutlich 10 000 Jahre. Jetzt glotzt du, wie?

SCHWEYK: Das is für lang, wie der Küster gesagt hat, wie die „Schwan"-Wirtin ihn geheirat und auf die Nacht die Zähn ins Wasserglas geschmissn hat.

BULLINGER: Schiffst du gelb oder schiffst du grün?

SCHWEYK *freundlich:* Melde gehorsamst, ich schiff gelblich-grün, Herr Scharführer.

BULLINGER: Und jetzt kommst du mit mir, und wenn gewisse Herrn – *auf Brettschneider* – nicht nur die Hand, sondern auch den Fuß für dich ins Feuer legen.

SCHWEYK: Jawohl, Herr Scharführer. Ordnung muß sein. Der Schleichhandel is ein Übel und hört nicht auf, bis nix mehr da is. Dann wird gleich Ordnung sein, hab ich recht?

BULLINGER: Und den Hund werden wir auch noch finden.

Ab mit dem Paket unterm Arm. Die SS-Männer packen Schweyk und führen ihn mit ab.

SCHWEYK *im Abgehen, gutmütig:* Ich hoff nur, Sie erlebn keine Enttäuschung, manche Kundn, wenns einen Hund ham, auf dens scharf gewesn sind und alles von unterst zu oberst gekehrt ham, gefallt er ihnen nicht mehr.

BRETTSCHNEIDER *zur Kopecka, die wieder zu sich gekommen ist:* Frau Kopecka, Sie sind ein Opfer von gewissen Konflikten zwischen gewissen Stellen der Gestapo und der SS, mehr sag ich nicht. Sie stehen jedoch unter meinem Schutz, ich komm zurück, es mit Ihnen unter vier Augen durchsprechen. *Ab.*

FRAU KOPECKA *schwankend zurück zum Schanktisch, wo sie sich ein Gläsertuch um die blutende Stirn bindet:* Wünscht jemand Bier?

KATI *auf Schweyks Hut schauend, der noch überm Stammtisch hängt:* Sie ham ihn nicht einmal seinen Hut mitnehmen lassen.

DER GAST: Der kommt nicht lebend davon.

Herein tritt schüchtern der junge Prochazka. Er sieht entsetzt Frau Kopeckas blutigen Umschlag.

DER JUNGE PROCHAZKA: Was is Ihnen zugestoßen, Frau Kopecka? Ich hab die SS wegfahrn sehn, wars die SS?

GÄSTE: Sie ham ihr mitn Knippel übern Kopf gehaun, weils gesagt ham, der „Kelch" is ein schwarzer Markt. – Sogar der Herr Brettschneider von der Gestapo is für sie eingetretn, sonst wär sie verhaftet. – Einen Herrn ham sie weggeführt.

FRAU KOPECKA: Herr Prochazka, Sie ham hier im „Kelch" nix zu suchen. Hier verkehrn nur richtige Tschechen.

DER JUNGE PROCHAZKA: Sie können mir glaubn, Frau Anna, daß ich in der Zwischenzeit gelittn und das meine gelernt hab. Hab ich keine Aussichten mehr, daß ich was gut mach?

72

Frau Kopeckas eisiger Blick macht ihn schauern, und er schleicht zerknirscht hinaus.

KATI: Sie sind auch nervös bei der SS, weil gestern hams wieder einen SS-Mann aus der Moldau gefischt, mit einem Loch in der linken Seiten.

ANNA: Sie werfen genug Tschechen hinein.

GAST: Alles nur, weils nicht gut für sie geht im Osten.

DER ERSTE GAST *zu Baloun:* Wars nicht Ihr Freund, den sie abgeführt ham?

BALOUN *bricht in Tränen aus:* Ich bin schuld dran. Das hab ich von meiner Verfressenheit. Ich hab schon mehrmals zur Jungfrau Maria gebetet, daß sie mir die Kraft gibt und daß sie meinen Magn irgendwie zusammenschrumpfn lassen mecht, aber nix. Meinen besten Freund hab ich so hineingerissn, daß er mir womeglich heit nacht erschossen wird, wenn nicht, kann er von Glick sagn, und es passiert ihm morgen frih.

FRAU KOPECKA *stellt ihm einen Slibowitz hin:* Trinkens das. Jammern hilft jetzt nicht.

BALOUN: Vergelts Gott. Sie hab ich auseinander gebracht mit Ihrem Verehrer, ein bessern finden Sie nicht, er is auch nur schwach. Wenn ich den Schwur geleistet hätt, um den Sie mich gebetn habn, mecht alles nicht so verzweifelt ausschaun. Wenn ich ihn jetzt noch leistn könnt – aber kann ichs? Aufn leeren Magn? Großer Gott, was wird werdn?

FRAU KOPECKA *geht zum Schanktisch zurück und nimmt das Spülen der Gläser wieder auf:* Wirf einer einen Zehnerl in das Klavier. Ich wer euch sagn, was werden wird.

Ein Gast wirft eine Münze in das elektrische Klavier. Licht glüht in ihm auf, ein Transparent zeigt den Mond über der Moldau, die majestätisch dahinfließt. Ihre Gläser spülend, singt Frau Kopecka „Das Lied von der Moldau".

Frau Kopecka *singt:*

DAS LIED VON DER MOLDAU

Am Grunde der Moldau wandern die Steine.
Es liegen drei Kaiser begraben in Prag.
Das Große bleibt groß nicht und klein nicht das Kleine.
Die Nacht hat zwölf Stunden, dann kommt schon der
                                                        Tag.
Es wechseln die Zeiten. Die riesigen Pläne
Der Mächtigen kommen am Ende zum Halt.
Und gehn sie einher auch wie blutige Hähne
Es wechseln die Zeiten, da hilft kein Gewalt.

Am Grunde der Moldau wandern die Steine.
Es liegen drei Kaiser begraben in Prag.
Das Große bleibt groß nicht und klein nicht das Kleine.
Die Nacht hat zwölf Stunden, dann kommt schon der
                                                        Tag.

ZWISCHENSPIEL
IN DEN HÖHEREN REGIONEN

Hitler und der General von Bock, genannt „der Sterber", vor einer Karte der Sowjetunion. Beide sind überlebensgroß. Kriegerische Musik.

74

VON BOCK:

Mein lieber Herr Hitler, Ihr Krieg im Osten
Fängt an, verdammt viele Tanks, Bomber und
Kanonen zu kosten.
Von Mannschaft sprech ich nicht, man heißt mich
sowieso den „Sterber".
Jedenfalls bin ich kein Spielverderber
Aber dieses Stalingrad können Sie nun eben nicht
bekommen.

HITLER:

Herr General von Bock, Stalingrad wird genommen
Ich hab das dem deutschen Volk versprochen.

VON BOCK:

Herr Hitler, der Winter kommt in ein paar Wochen
Da beginnt es in diesen östlichen Gegenden stark zu
schneiben
Wenn wir uns da noch hier herumtreiben...

HITLER:

Herr von Bock, ich werde die Völker Europas in die
Bresche schmeißen
Und der kleine Mann wird mich herausreißen.
Herr von Bock, lassen auch Sie mich nicht im Stich.

VON BOCK:

Und für die Reserven...

HITLER:

Sorge ich.

7

Zelle im Militärgefängnis mit tschechischen Häftlingen,
welche die Musterung zum Kriegsdienst erwarten, dar-
unter Schweyk. Sie warten mit entblößtem Oberkör-

per, simulieren aber alle die erbarmungswürdigsten
Krankheiten. Einer liegt zum Beispiel auf dem Boden
ausgestreckt, als stürbe er.

EIN GEKRÜMMTER MANN: Ich hab meinen Anwalt auf-
gesucht und einen sehr beruhigenden Bescheid bekommen. Sie können uns nicht ins Militär stecken,
außer, wenn wir wollen. Es ist ungesetzlich.
EIN MANN MIT KRÜCKEN: Warum haltens dann so
gekrümmt, wenns keinen Militärdienst erwarten?
DER GEKRÜMMTE: Das ist nur für alle Fälle.

Der mit Krücken lacht höhnisch.

DER STERBENDE *am Boden:* Sie werns nicht wagen, wo
wir alle Invalide sind. Sie sind schon unbeliebt
genug.
EIN KURZSICHTIGER *triumphierend:* In Amsterdam
soll ein deutscher Offizier ieber die sogenannte
Gracht gegangen sein, schon nervös und gegen elfe
nachts, und einen Holländer nach der Uhr gefragt
haben. Der sieht ihn ernst an und sagt nix als
„Meine steht!" Er ist unlustig weiter gegangen und
hat einen zweiten angehalten, und der sagt, vor er
hat fragen können, daß er seine Uhr daheim hat
liegen lassen. Der Offizier soll sich erschossen ham.
DER STERBENDE: Da hat ers nicht ausgehalten. Die
Verachtung.
SCHWEYK: Noch öfter wie sich erschießens andere. In
Wrzlau hat ein Gastwirt, wo von seiner Frau be-
trogn worn is mit seinem eigenen Bruder, das Paar
mit Verachtung gestraft, nix sonst. Er hat ihr ihre
Schlüpfer, wo er im Fuhrwerk von sein Bruder

gefunden hat, aufs Nachtkastl gelegt und geglaubt, daß sie sich dann schämen wird. Sie ham ihn für unmündig erklärn lassen am Kreisgericht, ihm die Wirtschaft verkauft und sind zusammen weggezogn. Insofern hat er aber recht behalten, als die Frau einer Freundin gestandn hat, sie scheniert sich fast, daß sie seinen gefitterten Wintermantel mitnimmt.

DER GEKRÜMMTE: Für was sind Sie hier?

SCHWEYK: Wegn Schleichhandel. Sie hättn mich erschießen können, aber die Gestapo hat mich als Zeugn gegen die SS gebraucht. Ich hab von der Zwietracht der Großen profitiert. Sie ham mich darauf aufmerksam gemacht, daß ich Glick mit meinem Namen hab, her ich, weil ich Schweyk heiß mit „y", aber wenn ich mich mit einem einfachen „i" schreib, bin ich deitscher Abstammung und kann eingezogn wern.

DER MIT KRÜCKEN: Sie nehmen sie jetzt sogar schon aus die Zuchthäuser.

DER GEKRÜMMTE: Nur wenns deitscher Abstammung sind.

DER MIT KRÜCKEN: Oder wenns freiwillig deitscher Abstammung sind wie der Herr.

DER GEKRÜMMTE: Die einzige Hoffnung is, daß man Invalid is.

DER KURZSICHTIGE: Ich bin kurzsichtig, ich würd nie eine Charge erkennen und könnt nicht salutiern.

SCHWEYK: Da kann man Sie zu einer Abhorchbatterie steckn, wo die feindlichen Flugzeuge meldet, da is blind sogar gut, weil, beim Blindn entwickelt sich ein besonders feines Gehör. Ein Landwirt in Socz hat seim Hund zum Beispiel die Augn ausgestochn, damit er besser hern mecht. Sie sind also verwendbar.

DER KURZSICHTIGE *verzweifelt:* Ich kenn einen Rauchfangkehrer in Brewnow, der macht euch für 10 Kronen so ein Fieber her, daß ihr ausn Fenster springt.

DER GEKRÜMMTE: Das is nix, in Wrschowitz is eine Hebamme, die euch für 20 Kronen so gut das Bein ausrenkt, daß ihr für euer Leben lang ein Krüppel bleibt.

DER MIT KRÜCKEN: Ich hab das Bein für 5 Kronen ausgerenkt.

DER STERBENDE: Ich hab nix zahln brauchen. Ich hab echt ein eingeklemmten Bruch.

DER MIT KRÜCKEN: Dann wern sie Sie im Pankrazspital operieren, und was machens dann?

SCHWEYK *heiter:* Wenn man euch zuhert, könnt man meinen, ihr wollts nicht in den Krieg, wo für die Verteidigung der Zivilisation gegen den Bolschewismus gefiehrt wern muß.

Ein Soldat kommt herein und macht sich am Eimer zu schaffen.

DER SOLDAT: Ihr habt den Kübel wieder verschweint. Ihr müßt sogar noch scheißen lernen, ihr Säue.

SCHWEYK: Wir sind grad beim Bolschewismus. Wißts ihr, was der Bolschewismus is? Daß er der geschworne Verbindete von Wallstriet is, wo unter der Fiehrung von dem Juden Rosenfeld im Weißen Haus unsern Untergang beschlossen hat? *Der Soldat macht sich weiter an dem Eimer zu schaffen, um zuhören zu können, so fährt Schweyk geduldig fort:*

Aber sie kennen uns nicht halb. Kennt ihr das von dem Kanonier von Przemysl im ersten Weltkrieg, wo gegen den Zaren gefochten worn is? *Er singt:*

> Bei der Kanone dort
> Lud er in einemfort.
> Bei der Kanone dort
> Lud er in einemfort.
> Eine Kugel kam behende
> Riß vom Leib ihm beide Hände
> Und er stand weiter dort
> Und lud in einemfort.
> Bei der Kanone dort
> Lud er in einemfort.

Die Russen kempfn nur, weils missn. Sie ham keine Landwirtschaft, weils die Großgrundbesitzer ausgerottet ham, und ihre Industrie is verwüstet durch eine öde Gleichmacherei und weil die besonnenen Arbeiter verbittert sind über die großen Gehälter für die Direktoren. Kurz, es is nix da, und sobald wir das einmal erobert ham, kommen die Amerikaner schon zu spät. Hab ich recht?

DER SOLDAT: Halts Maul. Unterhaltungen sind nicht gestattet.

Er geht böse mit dem Eimer ab.

DER STERBENDE: Ich glaub, Sie sind ein Spitzel.

SCHWEYK *heiter:* Nix Spitzel. Ich her nur regelmäßig das deitsche Radio. Sie solltens auch öfter hern, es is eine Hetz.

DER STERBENDE: Es is keine. Es is eine Schand.

SCHWEYK *bestimmt:* Es is eine Hetz.

DER KURZSICHTIGE: Man muß ihnen nicht noch in den Arsch kriechen.

SCHWEYK *belehrend:* Sagens das nicht. Es is eine Kunst. Manches kleinere Vieh mecht sich freun, wenns einem Tiger hineinkäm. Da kann ers nicht erreichn, und es fühlt sich verhältnismäßig sicher, es is aber schwer hineinkommen.

DER GEKRÜMMTE: Wern Sie bitte nicht ordinär. Es is kein schöner Anblick, wen die Tschechen sich alles bieten lassn.

SCHWEYK: Wie der Wanjek Jaroslaw zu einem lungnkrankn Hausierer gesagt hat. Der Wirt im „Schwan" in Budweis, ein baumlanger Mensch, hat dem Hausierer nur halbvoll eingeschenkt, und wie das Krepierl nix dazu gesagt hat, hat der Wanjek ihn zur Red gestellt mit: „Wie könnens das duldn, Sie machn sich mitschuldig." Der Hausierer hat dem Wanjek eine geschmiert, das war alles. Und jetzt wer ich klingeln, daß sie sich mit ihrn Krieg etwas beeiln, ich hab meine Zeit nicht gestohln. *Steht auf.*

EIN KLEINER DICKER *der bisher abseitsgesessen hat:* Sie werden nicht klingeln.

SCHWEYK: Und warum nicht?

DER DICKE *autoritativ:* Weils uns schnell genug geht.

DER STERBENDE: Sehr richtig. Warum hat man Sie geschnappt?

DER DICKE: Weil mir ein Hund gestohlen worden ist.

SCHWEYK *interessiert:* Etwa ein Spitz?

DER DICKE: Was wissen Sie davon?

SCHWEYK: Ich wett, Sie heißen Vojta. Ich freu mich, daß ich Sie noch treff. *Streckt ihm die Hand hin, was der Dicke übersieht.* Ich bin der Schweyk, das sagt Ihnen vielleicht nix, aber Sie können meine Hand annehmen, ich wett, Sie sind kein Deutschenfreund mehr, jetzt, wo Sie hier sitzen.

DER DICKE: Ich habe auf Grund der Aussage meines Dienstmädchens die SS beschuldigt, daß sie meinen Hund geraubt haben, das genügt wohl?

SCHWEYK: Es genügt mir vollständig. Bei uns in Budweis hats einen Lehrer gegebn, wo ein Schüler, dem er aufgesessen is, beschuldigt hat, er hat bein Orgelspieln im Gottesdienst die Zeitung aufn Pult liegen gehabt. Er war ein religiöser Mensch, und seine Frau hat oft darunter zu leidn gehabt, daß er ihr verbotn hat, kurze Röck zu tragn, aber sie ham ihn nachdem so getriezt und verhört, daß er am Schluß geäußert hat, er glaubt jetzt nicht einmal mehr an die Hochzeit von Kannä. Sie wern in den Kaukasus marschiern und aufn Hitler scheißn, nur, wie der Wirt vom „Schwan" gesagt hat, es hängt davon ab, wo man auf was scheißt.

DER DICKE: Wenn Sie Schweyk heißen, hat sich einer, wie ich durchs Tor gebracht worden bin, an mich gedrängt, ein junger Mensch. Er hat mir nur zuflüstern können: „Fragens nach dem Herrn Schweyk", dann haben sie das Tor geöffnet gehabt. Er muß noch drunten stehn.

SCHWEYK: Ich wer gleich nachschaun. Ich hab mir immer erwartet, am Morgn wird sich da vorn Kasernengefängnis ein Häuflein ansammeln, die Wirtin vom „Kelch", wo sichs nicht nehmen lassen wird, und ein großer Dicker vielleicht, wo auf den Schweyk warten, und vergeblich. Hilf mir einer der Herrn!

Er geht zum Zellenfensterchen und klettert auf den Rücken des Mannes mit den Krücken, um hinauszuschauen.

SCHWEYK: Es ist der junge Prochazka. Er wird mich kaum sehn. Gebens mir die Krücken.

Er bekommt sie und schwenkt sie. Dann scheint der junge Prochazka ihn bemerkt zu haben, und Schweyk verständigt sich mit ihm durch große Gesten. Er deutet einen großen Mann mit Bart an – Baloun – und macht die Geste des Essen-in-den-Mund-Stopfens, sowie die des Unter-dem-Arm-Tragens. Dann steigt er wieder vom Rücken des Mannes mit den Krücken.

SCHWEYK: Es wird Sie erstaunt habn, was Sie mich da habn machen sehn. Wir ham eine stillschweigende Verabredung mitsammen getroffn, für die er eigens gekommen is. Ich hab immer geahnt, er is ein anständiger Mensch. Ich hab mit dem Gefuchtel nur wiederholt, was er gemacht hat, daß er sieht, ich hab begriffn. Wahrscheinlich hat er habn wolln, daß ich mit unbeschwertm Kopf nach Rußland marschiern kann.

Man hört Kommandos von außen, sowie Marschtritte, dann beginnt eine Musikkapelle zu spielen. Es ist der Horst-Wessel-Marsch.

DER STERBENDE: Was ist da los? Haben Sie was gesehn?

SCHWEYK: Am Tor sind ein Haufen Leut. Wahrscheinlich ein Bataillon, wo auszieht.

DER GEKRÜMMTE: Das is eine gräßliche Musik.

SCHWEYK: Ich find sie hibsch, weil sie traurig is und mit Schmiß.

DER MIT KRÜCKEN: Die wern wir bald häufiger hern. Den Horst-Wessel-Marsch spielens, wo sie nur können. Er is von einem Zutreiber gedichtet worn. Ich mecht wissen, was dem sein Text bedeutet.

DER DICKE: Ich kann Ihnen mit einer Übersetzung dienen. Die Fahne hoch, / die Reihen fest geschlossen, / SA marschiert mit ruhig festem Schritt, / Kameraden, deren Blut vor unserm schon geflossen, / sie ziehn im Geist in unsern Reihen mit.

SCHWEYK: Ich weiß einen andern Text, den hamer im „Kelch" gesungn.

Er singt zu der Begleitung der Militärkapelle, und zwar so, daß er den Refrain zu der Melodie singt, die Vorstrophen aber zu dem Trommeln dazwischen.

Hinter der Trommel her
Trotten die Kälber
Das Fell für die Trommel
Liefern sie selber.
    Der Metzger ruft. Die Augen fest geschlossen
    Das Kalb marschiert mit ruhig festem Tritt.
    Die Kälber, deren Blut im Schlachthof schon
                        geflossen
    Sie ziehn im Geist in seinen Reihen mit.

Sie heben die Hände hoch
Sie zeigen sie her
Sie sind schon blutgefleckt
Und sind noch leer.

Der Metzger ruft. Die Augen fest geschlossen
Das Kalb marschiert mit ruhig festem Tritt.
Die Kälber, deren Blut im Schlachthof schon
                                        geflossen
    Sie ziehn im Geist in seinen Reihen mit.

Sie tragen ein Kreuz voran
Auf blutroten Flaggen
Das hat für den armen Mann
Einen großen Haken.
    Der Metzger ruft. Die Augen fest geschlossen
    Das Kalb marschiert mit ruhig festem Tritt.
    Die Kälber, deren Blut im Schlachthof schon
                                        geflossen
    Sie ziehn im Geist in seinen Reihen mit.

*Die anderen Häftlinge haben den Refrain von der
zweiten Strophe ab mitgesungen. Am Schluß geht die
Zellentür auf, und ein deutscher Militärarzt erscheint.*

DER MILITÄRARZT: Das ist aber nett, daß ihr alle so
    freudig mitsingt, da wirds euch freuen, daß ich euch
    für gesund genug halte, daß ihr ins Militär eintre-
    ten könnt und also genommen seid. Aufstehen alle
    und Hemden wieder anziehen. Alles fertig und
    marschbereit in zehn Minuten. *Ab.*

*Die Häftlinge ziehen niedergeschmettert ihre Hemden
wieder an.*

DER GEKRÜMMTE: Ohne ärztliche Untersuchung, das
    is völlig ungesetzlich.
DER STERBENDE: Ich hab einen Magenkrebs, ich kanns
    nachweisen.

SCHWEYK *zu dem Dicken:* Sie wern uns, her ich, in
verschiedene Truppenteile steckn, damit wir nicht
zusammen sind und Schweinerein begehn. So lebens
wohl, Herr Vojta, es hat mich gefreit und auf Wiedersehn im „Kelch", um sechse, nachm Krieg.

*Er schüttelt ihm gerührt die Hand, als die Zellentür
wieder aufgeht. Als erster marschiert er stramm hinaus.*

SCHWEYK: Heitler! Auf nach Moskau!

8

*Wochen später. Tief in den winterlichen Steppen Ruß-
lands marschiert der brave Hitlersoldat Schweyk, um
seinen Truppenteil in der Gegend von Stalingrad zu
erreichen. Er ist vermummt durch einen großen Haufen von Kleidungsstücken, der Kälte wegen.*

SCHWEYK *singt:*
>   Als wir nach Jaromersch zogen
>   Glaubt man auch, es sei erlogen
>   Kamen wir so ungefähr
>   Grad zum Nachtmahl hin.

Eine deutsche Patrouille hält ihn auf.

ERSTER SOLDAT: Halt. Losungswort!

SCHWEYK: Endsieg. Könnt ihr mir sagn, wos nach
Stalingrad geht, ich bin durch ein Mißgeschick von
meiner Marschkompanie abgekommn und marschier schon einen ganzen Tag.

Der erste Soldat prüft seine Militärpapiere.

ZWEITER SOLDAT *gibt ihm die Feldflasche:* Woher bist du?

SCHWEYK: Aus Budweis.

SOLDAT: Da bist du ein Tschech.

SCHWEYK *nickt:* Ich hab gehert, da vorn solls nicht gut stehn.

Die beiden Soldaten, die sich angeschaut haben, lachen böse.

ERSTER SOLDAT: Und was hast du als Tschech dort verloren?

SCHWEYK: Ich hab dort nix verlorn, ich komm zu Hilf und schitz die Zivilisation vorm Bolschewismus und ihr auch, sonst is es eine Kugel in die Brust, hab ich recht?

ERSTER SOLDAT: Du möchtest ein Desertör sein.

SCHWEYK: Ich bin keiner, denn da mechtet ihr mich sogleich erschießn, weil ich meinen Soldateneid verletz und nicht für den Fiehrer sterb, Heil Hitler.

ZWEITER SOLDAT: So, du bist also ein Überzeugter. *Nimmt die Feldflasche zurück.*

SCHWEYK: Ich bin so ieberzeugt, wie der Tonda Novotny, wo in Wysotschau sich im Pfarrhaus für eine Stell als Kirchendiener vorgestellt hat und nicht gewußt, ob die Pfarre protestantisch oder katholisch gewesen is und, weil der Herr Pfarrer in Hosenträger war und eine Weibsperson im Zimmer, geantwort hat, er is protestantisch, und schon wars falsch.

ERSTER SOLDAT: Und warum muß es ausgerechnet Stalingrad sein, du zweideutiger Verbündeter?

SCHWEYK: Weil da meine Regimentskanzlei is, Kameraden, wo ich mir den Stempel holen muß, daß ich mich gemeldet hab, sonst sind meine Militärpapiere ein Dreck, und ich kann mich nicht mehr zeigen in Prag. Heil Hitler!

ERSTER SOLDAT: Und wenn wir dir sagen würden: „Scheiß Hitler", und wir wollen desertieren zu die Russen und wollten dich mithaben, weil du russisch kannst, weil, tschechisch soll ähnlich sein.

SCHWEYK: Tschechisch is sehr ähnlich. Aber ich mecht eher abratn, ich kenn mich hier nicht aus, meine Herrn, und würd lieber die Richtung nach Stalingrad erfragn.

ERSTER SOLDAT: Weil du uns vielleicht nicht trauen möchtest, ist das dein Grund?

SCHWEYK *freundlich:* Ich mecht euch lieber für brave Soldatn haltn. Weil, wenn ihr Desertöre wärt, mechtet ihr unbedingt was für die Russn mitbringn, ein Maschingewehr oder sowas, vielleicht ein gutes Fernrohr, was sie brauchn könn'n, und es vor euch hin hochhebn, daß sie nicht gleich schießn. So wirds gemacht, her ich.

ERSTER SOLDAT *lacht:* Du meinst, das verstehn sie, auch wenns nicht russisch is? Ich versteh dich, du bist ein Vorsichtiger. Und sagst lieber, du willst nur wissen, wo dein Grab in Stalingrad liegt. Da geh nach dieser Richtung. *Er zeigt ihm.*

ZWEITER SOLDAT: Und wenn dich jemand fragt, wir sind eine Militärpatrouille und haben dich auf Herz und Nieren examiniert, daß dus weißt.

ERSTER SOLDAT *im Weggehen:* Und dein Rat ist nicht schlecht, Bruder.

SCHWEYK *winkt ihnen nach:* Gern geschehn und auf Wiedersehn!

Die Soldaten gehen schnell weiter. Auch Schweyk geht weiter in die Richtung, die ihm angegeben worden ist, jedoch sieht man, wie er davon in einem Bogen abweicht. Er taucht unter im Dämmer. Wenn er auf der andern Seite wieder auftaucht, bleibt er für kurze Zeit an einem Wegweiser stehen und liest: „Stalingrad – 50 km". Er schüttelt den Kopf und marschiert weiter. Die treibenden Wolken am Himmel sind jetzt gerötet von einer fernen Feuersbrunst. Er betrachtet sie interessiert beim Marschieren.

SCHWEYK *singt:*
> Meinten, daß das Dienen
> Eine Hetz nur sei
> Daß es eine Woche oder 14 Tage
> Dauert – und vorbei!

Während er unentwegt marschiert, seine Pfeife rauchend, verblassen die Wolken wieder, und in rosigem Licht taucht Schweyks Stammtisch im „Kelch" auf. Sein Freund Baloun kniet auf dem Boden, neben ihm steht, mit ihrer Stickerei, die Witwe Kopecka, und am Tisch sitzt hinter einem Bier das Dienstmädchen Anna.

BALOUN *im Litaneiton:* Ich schwör jetzt ohne weiteres und auf leeren Magn, weil alle Versuche von verschiedenen Seiten, Fleisch für mich aufzutreibn, gescheitert sind, also ohne daß ich ein richtiges Mahl gekriegt hätt, bei der Jungfrau Maria und allen

Heiligen, daß ich nie freiwillig in das Naziheer eintreten wer, so wahr mir Gott, der Allmächtige, helfe. Ich tu das im Angedenken an meinen Freund, den Herrn Schweyk, wo jetzt iber die eisigen Steppen Rußlands marschiert, in treuer Pflichterfüllung, weils nicht anders geht. Er war ein braver Mensch.

FRAU KOPECKA: So, jetzt können's aufstehn.

ANNA *nimmt einen Schluck aus dem Bierkrügel, steht auf und umarmt ihn:* Und die Heirat kann erfolgn, sobald die Papiere aus Protiwin beschafft sind. *Nachdem sie ihn geküßt hat, zur Kopecka:* Schad, daß es für Sie nicht gut ausgeht.

Der junge Prochazka steht unter der Tür, ein Paket unterm Arm.

FRAU KOPECKA: Herr Prochazka, ich hab Ihnen verbotn, Ihren Fuß nochmal über meine Schwelle zu setzn, wir beide sind fertig. Indem Ihre große Liebe nicht einmal für zwei Pfund Geselchtes langt.

DER JUNGE PROCHAZKA: Wenn ich es aber gebracht hab? *Zeigt.* Zwei Pfund Geselchtes.

FRAU KOPECKA: Was, Sie hams gebracht? Trotz die strengn Strafn, wo draufstehn?

ANNA: Netig wär es nicht mehr, nicht wahr? Herr Baloun hat den Schwur auch ohne geleistet.

FRAU KOPECKA: Aber das werns zugebn, daß es echte Liebe von Seiten des Herrn Prochazka beweist. Rudolf!

Sie umarmt ihn feurig.

ANNA: Das mecht den Herr Schweyk freun, wenn er das wüßt, der brave Herr. *Sie schaut zärtlich auf*

*Schweyks harten Hut, der über dem Stammtisch
hängt.* Hebens den Hut gut auf, Frau Kopecka, ich
glaub sicher, daß sich ihn der Herr Schweyk nachn
Krieg wieder abholt.

BALOUN *in das Paket hineinriechend:* Dazu misstn
Linsn her.

*Der „Kelch" verschwindet wieder. Aus dem Hinter-
grund stolpert ein besoffener Mann in zwei dicken
Schafspelzen und einem Stahlhelm. Auf ihn trifft
Schweyk.*

DER BESOFFENE: Halt! Wer bist du? Ich seh, du bist
einer von den Unsern und kein Gorilla, Gott sei
gelobt. Ich bin der Feldkurat Ignaz Bullinger aus
Metz, haben Sie zufällig etwas Kirschwasser bei sich?

SCHWEYK: Melde gehorsamst, daß nicht.

FELDKURAT: Das wundert mich. Ich brauch es nicht
für Saufen, wie du dir vielleicht gedacht hast, du
Lump, gesteh es ein, so denkst du von deinem Priester. Ich brauchs für mein Auto mitn Feldaltar dort
hinten, das Benzin ist ausgegangen, sie sparen am
lieben Gott Benzin in Rostow, das wird sie noch
teuer zu stehn kommen, wenn sie vor Gottes Thron
treten werden, und er fragt sie mit Donnerstimme:
„Ihr habt meinen Altar motorisiert und dann, wo
war das Benzin?"

SCHWEYK: Herr Feldkurat, ich weiß nicht. Könnens
mir sagn, wos nach Stalingrad geht?

FELDKURAT: Das weiß Gott. Kennst du das, wie der
Bischof im Sturm zum Kapitän sagt: „Werden wir
durchkommen?" und der Kapitän ihm anwortet:
„Wir stehen jetzt in Gottes Hand, Bischof" und der

sagt nur: „Stehts so schlimm?" und bricht in Tränen aus? *Er hat sich in den Schnee gesetzt.*

SCHWEYK: Ist der Herr Scharführer Bullinger ihr Herr Bruder?

FELDKURAT: Ja, Gott seis geklagt, den kennst du also? Du hast kein Kirschwasser oder Wodka?

SCHWEYK: Nein, und Sie wern sich verkühln, wenn Sie sich in Schnee setzn.

FELDKURAT: Um mich ist es nicht schad. Sie sparen mitm Benzin, da sollen sie sehn, wie sie ohne Gott durchkommen und ohne Gotteswort in der Schlacht. Auf dem Festland, in der Luft, auf dem Meere und so fort. Ich bin nur mit schwersten Gewissenskonflikten in ihren blöden Nazibund für deutsche Christen eingetreten. Ich verzicht für sie auf den Herrn Jesus als einen Juden und mach ihn in der Predigt zu einem Christen, daß es nur so kracht, mit blauen Augen, und flecht den Wotan ein und sag ihnen, die Welt muß deutsch sein, und kost es auch Ströme von Blut, weil ich ein Schwein bin, ein abtrünniges, wo seinen Glauben verraten hat fürs Gehalt, und sie geben mir zu wenig Benzin, und schau dir an, wo sie mich hingeführt haben.

SCHWEYK: In die russischen Steppen, Herr Feldkurat, und Sie gehn besser mit mir nach Stalingrad zurück und schlafn Ihren Rausch aus. *Er zieht ihn hoch und schleppt sich mit ihm ein paar Meter.* Sie missn aber selber auch gehn, sonst laß ich Sie liegn, ich muß zum Marschbataillon und dem Hitler zu Hilf kommen.

FELDKURAT: Ich kann meinen Feldaltar nicht hier stehn lassen, sonst wird er von den Bolschewiken erbeutet, was dann? Das sind Heiden. Da vorn bin ich an einer Hütte vorbeigekommen, der Schornstein hat geraucht, ob sie da nicht Wodka haben, du gibst ihnen eine übern Kopf mit deinem Gewehrkolben, und basta. Bist du ein deutscher Christ?

SCHWEYK: Nein, ein gewöhnlicher. Kotzens sich nicht an, es gefriert an Ihnen.

FELDKURAT: Ja, mich frierts teuflisch. Ich werd ihnen einheizen in Stalingrad.

SCHWEYK: Erst missens dort sein.

FELDKURAT: Ich hab keine besondere Zuversicht mehr. *Ruhig, fast nüchtern:* Weißt du – wie heißt du eigentlich? –, daß sie mir ins Gesicht lachen, dem Priester Gottes, wenn ich ihnen mit der Hölle droh? Ich kann mirs nur so erklären, daß sie den Eindruck bekommen haben, sie sind schon drin. Die Religion geht in Fetzen, da ist der Hitler schuld, sag das niemand.

SCHWEYK: Der Hitler is ein Furz, ich sag dirs, weil du besoffn bist. Am Hitler sind die schuld, wo ihm in München die Tschechoslowakei zum Present gemacht ham, firn „Frieden auf Lebenszeit", wo sich als ein Blitzfriedn herausgestellt hat. Der Krieg wiederum is ein langer geworn und für nicht wenige auf Lebenszeit, so täuscht man sich.

FELDKURAT: Du bist also gegen den Krieg, wo gegen die gottlosen Bolschewiken geführt werden muß, du Lump. Weißt du, daß ich dich da in Stalingrad erschießen laß?

SCHWEYK: Wenn Sie sich nicht zusammenreißn und ordentlich ausschreitn, kommens nicht nach Stalingrad. Ich bin nicht gegn Krieg, und ich marschier nach Stalingrad nicht aus Jux, sondern weil der Koch Naczek schon in erstn Weltkrieg gesagt hat: „Wo die Kugeln fliegn, stehn die Feldküchn."

FELDKURAT: Erzähl mir nichts. Du sagst dir im Geheimen: „Leck mich am Arsch mit dem Krieg", ich seh dirs an. *Packt ihn an.* Warum willst du für den Krieg sein, was hast du davon, gesteh, du scheißt drauf!

SCHWEYK *grob:* Ich marschier nach Stalingrad, und du auch, weils befohln is und weil wir als einzelne Reisende hier verhungern mechtn. Ich habs dir schon einmal gesagt.

Sie marschieren weiter.

FELDKURAT: Zu Fuß ist der Krieg deprimierend. *Bleibt stehen.* Da seh ich ja die Hütte, da gehn wir hin, hast du dein Gewehr entsichert?

Eine Hütte taucht auf, sie gehen darauf zu.

SCHWEYK: Aber ich bitt mir aus, daß Sie kein Krakehl machen, es sind auch Menschen, und Sie ham genug gesoffen.

FELDKURAT: Halt dein Gewehr schußbereit, das sind Heiden, keine Widerrede!

Aus der Hütte tritt eine alte Bäuerin und eine junge Frau mit einem kleinen Kind.

FELDKURAT: Schau, sie wollen fliehen. Das müssen wir verhindern. Frag, wo sie denWodka vergraben haben. Und schau, was die für einen Shawl um hat, den nehm ich an mich, ich friere teuflisch.

SCHWEYK: Sie friern, weil Sie besoffn sind und ham schon zwei Fellmäntel. *Zu der jungen Frau, die unbeweglich steht:* Guten Tag, wo geht der Weg nach Stalingrad?

Die junge Frau zeigt in eine Richtung, jedoch wie geistesabwesend.

FELDKURAT: Gibt sie zu, daß sie Wodka haben?

SCHWEYK: Du setz dich hin, ich wer verhandeln, und dann gehn wir weiter, ich will kein Skandal. *Zur Frau, freundlich:* Warum steht ihr so vor dem Haus? Hams grad weggehn wolln? *Die Frau nickt.* Der Shawl is aber dinn. Hams sonst nix zum An-ziehn? Das is fast zu wenig.

FELDKURAT *auf dem Boden sitzend:* Nimm den Kol-ben, das sind lauter Gorillas. Heiden.

SCHWEYK *grob:* Du haltsts Maul. *Zur Frau:* Wodka? Der Herr is krank.

Schweyk hat alle Fragen mit illustrativen Gesten be-gleitet. Die Frau schüttelt den Kopf.

FELDKURAT *bösartig:* Schüttelst du den Kopf? Ich werd dirs geben. Mich friert, und du schüttelst den Kopf. *Er kriecht mühsam hoch und torkelt mit er-hobener Faust auf die Frau zu. Sie weicht in die Hütte zurück, die Tür hinter sich zumachend. Der Feldkurat stößt sie mit den Füßen ein und dringt in die Hütte.* Ich mach dich kalt.

SCHWEYK *hat vergebens versucht, ihn zurückzuhalten:* Sie bleibn heraus. Es ist nicht Ihr Haus. *Er folgt ihm hinein. Auch die Alte geht hinein. Dann hört man die Frau aufschreien und die Geräusche eines Kampfes. Schweyk von innen:* Sie tun auch das

Messer weg. Willst du Ruh gebn! Ich brech dir den Arm, du Sau. Raus jetzt!

Aus der Hütte tritt die Frau mit dem Kind. Sie hat einen Mantel des Feldkuraten an. Hinter ihr die Alte.

SCHWEYK *ihnen ins Freie folgend:* Soll er seinen Rausch ausschlafn. Sehts zu, daß ihr verschwindet.

DIE ALTE *verbeugt sich tief vor Schweyk in der alten Manier:* Gott vergelts dir, Soldat, bist ein guter Mensch, und wenn wir ein Brot übrig hätten, gäb ich dir einen Ranken. Du könntst ihn brauchen. Wohin geht der Weg?

SCHWEYK: Ei, nach Stalingrad, Mütterchen, in die Schlacht. Könnt Ihr mir sagn, wie ich dahin komm?

DIE ALTE: Bist ein Slaw, sprichst wie wir, du kommst nicht morden, bist nicht bei die Hitlerischen. Gott segn dich.

Sie beginnt ihn groß zu segnen.

SCHWEYK *ohne Verlegenheit:* Kränk dich nicht, Mütterchen, ich bin ein Slaw, und verschwend nicht dein Segen an mich, denn ich bin ein Hilfsvolk.

DIE ALTE: Dich soll Gott schitzn, Söhnchen, bist reinen Herzens, kommst uns zu Hilfe, wirst helfen die Hitlerischen schlagn.

SCHWEYK *fest:* Nix für ungut, ich muß weiter, ich hab mirs nicht ausgesucht. Und ich glaub fast, Mütterchen, du mußt taub sein.

DIE ALTE *obwohl ihre Tochter sie immerzu am Ärmel zupft:* Wirst uns helfen, die Räuber austilgen, eil dich, Soldat, Gott segn dich.

Die junge Frau zieht die Alte weg, sie gehen fort. Schweyk marschiert kopfschüttelnd weiter. Es ist Nacht geworden, und der Sternhimmel ist hervorgetreten. Schweyk bleibt wieder an einem Wegweiser stehen und leuchtet mit einer Blendlaterne darauf. Verwundert liest er: „Stalingrad – 50 km" und marschiert weiter. Plötzlich fallen Schüsse. Schweyk hebt sogleich sein Gewehr hoch, um sich zu übergeben. Es kommt aber niemand, und auch die Schüsse hören auf. Schweyk geht schneller weiter. Wenn er wieder auftaucht in seinem Kreislauf, ist er außer Atem und setzt sich an eine Schneewehe.

SCHWEYK *singt:*

> Als wir nach Kowno gekommen
> Hats uns nicht gefallen.
> Hams uns für ein Glaserl Schnaps
> Ein paar Stiefeln abgenommen.

Die Pfeife sinkt ihm aus dem Mund, er schlummert ein und träumt. In goldnem Licht taucht Schweyks Stammtisch im „Kelch" auf. Um den Tisch sitzen die Kopecka im Brautkleid, der junge Prochazka im Sonntagsanzug, Kati, Anna und Baloun, vor dem ein voller Teller steht.

FRAU KOPECKA: Und zum Hochzeitsmahl kriegn Sie Ihr Geselchtes, Herr Baloun. Geschworn hams ohne, das ehrt Sie, aber damit Sie den Schwur halten, is ein Stickl Fleisch hin und wieder recht am Platz.

BALOUN *essend:* Ich eß halt sehr gern. Gesegns Gott. Der lieb Gott hat alles erschaffn, von der Sonne bis zum Kümmel. *Auf den Teller:* Kann das eine Sünde sein? Die Täubchen, da fliegen sie, die Hühnchen, da picken sie die Körner von der Erde. Der Wirt vom „Huß" hat 17 Arten gewußt, wie Huhn zubereiten. 5 süße, 6 saure, 4 mit Fülle. Der Wein wächst mir aus der Erde, wie das Brot, hat der Pastor in Budweis gesagt, wo nicht hat essen dürfn wegn Zucker, und ich bin nicht fähig. In Pilsen im Jahre 32 hab ich einen Hasen gegessn im Schloßbräu, der Koch is inzwischn gestorbn, so gehn sie nicht mehr hin, so einen Hasen hab ich nicht wieder erlebt. Er war mit Sauce und Knödl. Das is an sich nichts Ungewöhnliches, aber in der Sauce war was, daß der Knödl so geworn is, wie verrickt, daß er sich selber nicht mehr erkannt hätt, als sei es iber ihn gekommn, und er is wirklich gut, ich habs nie wieder getroffen, der Koch hat das Rezept mit ins Grab genommn. Das is schon hin für die Menschheit.

ANNA: Beklag dich nicht. Was mecht der liebe Herr Schweyk dazu sagn, wo jetzt womeglich nicht einmal mehr eine gebackene Kartoffel hat.

BALOUN: Das is wahr. Man kann sich immer helfn. In Pudonitz, wie meine Schwester geheiratet hat, habn sies wieder mit der Menge gemacht, 30 Leute, beim Pudonitzer Wirt, Burschen und Weiber und auch die Alten, habn nicht nachgegeben, Suppe, Kalbfleisch, Schweinernes, Hühner, zwei Kälber und zwei fette Schweine, vom Kopf bis zum Schwanz, dazu Knödl und Kraut in Fässern und erst Bier, dann Schnaps. Ich weiß nurmehr, mein Teller wird nicht leer, und nach jedm Happn ein Kübl Bier oder ein Wasserglas Schnaps hinterdrein. Einmal war eine Stille, wie in der Kirchen, wie sie das Schweinerne gebracht ham. Es sind alles gute Menschen gewesn, wie sie so beieinander gesessn sind und sich vollgegessn ham, ich hätt für jeden die Hand ins Feuer gelegt. Und es waren allerhand Typen darunter, ein Richter bein Landgericht in Pilsen, im Privatlebn ein Bluthund für die Diebe und Arbeiter. Essen macht unschädlich.

FRAU KOPECKA: Zu Ehren des Herrn Baloun sing ich jetzt das Lied vom „Kelch". *Sie singt:*

DAS LIED VOM KELCH

Komm und setz dich, lieber Gast
Setz dich uns zu Tische
Daß du Supp und Krautfleisch hast
Oder Moldaufische.

    Brauchst ein bissel was im Topf
    Mußt ein Dach habn überm Kopf
    Das bist du als Mensch uns wert
    Sei geduldet und geehrt
    Für nur 80 Heller.

Referenzen brauchst du nicht
Ehre bringt nur Schaden
Hast ein Nase im Gesicht
Und wirst schon geladen.

    Sollst ein bissel freundlich sein
    Witz und Auftrumpf brauchst du kein
    Iß dein Käs und trink dein Bier
    Und du bist willkommen hier
    Und die 80 Heller.

Einmal schaun wir früh hinaus
Obs gut Wetter werde
Und da wurd ein gastlich Haus
Aus der Menschenerde.

> Jeder wird als Mensch gesehn
> Keinen wird man übergehn
> Ham ein Dach gegn Schnee und Wind
> Weil wir arg verfroren sind
> Auch mit 80 Heller!

Alle haben den Refrain mitgesungen.

BALOUN: Wie sie meinen Großvater, wo beim Wasser-
fiskus Rechnungsrat war, gesagt ham in der Pan-
krazklinik, er soll Maß halten, sonst muß er er-
blindn, hat er geantwortet: „Ich hab genug gesehn,
aber noch lang nicht genug gegessen." *Hält plötzlich
mit dem Essen ein.* Jesses, wenn uns nur der Schweyk
nicht erfriert in der großen Kälten dort!

ANNA: Niederlegn darf er sich nicht. Grad wenns
ihnen so schön warm wird, sind sie am allernächsten
zum Erfrierungstod, heißt es.

*Der „Kelch" verschwindet. Es ist wieder Tag. Ein
Schneetreiben hat eingesetzt. Schweyk rührt sich unter
einer Flockendecke. Ein Rattern von den Raupenbän-
dern eines Tanks wird hörbar.*

SCHWEYK *richtet sich auf:* Fast wär ich eingenickt.
Aber jetzt auf, nach Stalingrad! *Er arbeitet sich hoch
und setzt sich wieder in Marsch. Da taucht aus dem
Schneetreiben ein großes Panzerauto mit deutschen
Soldaten mit kalkweißen oder bläulichen Gesich-*

tern unter den Stahlhelmen auf, alle vermummt in allerhand Tücher, Felle, sogar Weiberröcke.

DIE SOLDATEN *singen:*

DAS DEUTSCHE MISERERE

Eines schönen Tages befahlen uns unsere Obern
Die kleine Stadt Danzig für sie zu erobern.
Wir sind mit Tanks und Bombern in Polen eingebrochen
Wir eroberten es in drei Wochen.
Gott bewahr uns.

Eines schönen Tages befahlen uns unsere Obern
Norwegen und Frankreich für sie zu erobern.
Wir sind in Norwegen und Frankreich eingebrochen
Wir haben alles erobert im zweiten Jahr in fünf Wochen.
Gott bewahr uns.

Eines schönen Tages befahlen uns unsere Obern
Serbien, Griechenland und Rußland für sie zu erobern.
Wir sind in Serbien, Griechenland, Rußland eingefahren
Und kämpfen jetzt um unser nacktes Leben seit zwei
                                          langen Jahren.
Gott bewahr uns.

Eines schönen Tages befehlen uns noch unsere Obern
Den Boden der Tiefsee und die Gebirge des Mondes
                                          zu erobern.
Und es ist schwer schon hier in diesem Russenland.
Und der Feind stark und die Winter kalt und der
                                          Heimweg unbekannt.
Gott bewahr uns und führ uns wieder nach Haus.

Der Panzerwagen verschwindet wieder im Schneetreiben. Schweyk marschiert weiter.
Ein Wegweiser taucht auf, in eine quere Richtung zeigend. Schweyk ignoriert ihn. Plötzlich jedoch bleibt er stehen und horcht. Dann bückt er sich, pfeift leise und schnalzt mit den Fingern. Aus dem verschneiten Gestrüpp kriecht ein verhungerter Köter.

SCHWEYK: Ich habs doch gewußt, daß du dich da im Gestrüpp herumdrückst und überlegst, ob du heraussollst, wie? Du bist eine Kreuzung zwischen einem Schnauz und einem Schäferhund mit bissel Dogge dazwischen, ich wer dich Ajax rufn. Kriech nicht und hör auf mit dem Gezitter, ich kanns nicht leidn. *Er marschiert weiter, gefolgt von dem Hund.* Wir gehn nach Stalingrad. Da triffst du noch andre Hund, da is Betrieb. Wenn du im Krieg ieberleben willst, halt dich eng an die andern und das Übliche, keine Extratouren, sondern kuschn, solang, bis du beißen kannst. Der Krieg dauert nicht ewig, so wenig wie der Friedn, und danach nimm ich dich mit in „Kelch" und mitn Baloun missn wir aufpassn, daß er dich nicht frißt, Ajax. Es wird wieder Leut gebn, wo Hund wolln und Stammbäum wern gefälscht wern, weils reine Rassn wolln, es is Unsinn, aber sie wollns. Lauf mir nicht zwischn die Füß herum, sonst setzts was. Auf nach Stalingrad!

Das Schneetreiben wird dichter, es verhüllt sie.

Der brave Hitlersoldat Schweyk marschiert unermüd-
lich nach dem immer gleich weit entfernten Stalingrad,
als aus dem Schneetreiben eine wilde Musik hörbar
wird und eine überlebensgroße Gestalt auftaucht:
Adolf Hitler. Es findet die historische Begegnung
zwischen Schweyk und Hitler statt.

HITLER: Halt! Freund oder Feind?
SCHWEYK *salutiert gewohnheitsmäßig:* Heitler!
HITLER *über den Sturm weg:*
  Was? Ich versteh kein Wort.
SCHWEYK *lauter:*
  Ich sag Heitler. Verstehns mich jetzt?
HITLER: Ja.
SCHWEYK: Der Wind nimmts mit fort.
HITLER:
  Richtig. Es scheint ein Schneesturm zu sein.
  Können Sie mich erkennen?
SCHWEYK: Bittschön, das nein.
HITLER: Ich bin der Führer.

Schweyk, der mit erhobenem Arm verblieben war, hebt
erschreckt, sein Gewehr fallen lassend, auch noch den
andern Arm hoch, als ob er sich ergebe.

SCHWEYK: Heiliger Sankt Joseph!
HITLER: Ruht! Wer sind Sie?
SCHWEYK: Ich bin der Schweyk aus Budweis, wo die
  Moldau das Knie macht. Und bin hergeeilt, daß ich
  Ihnen zu Stalingrad helf. Sagns mir jetzt bittschön
  nur noch: wo is es?

HITLER:

Wie zum Teufel soll ich das wissen

Bei diesen verrotteten bolschewistischen Verkehrs-
verhältnissen!

Auf der Karte war die Strecke Rostow-Stalingrad
gradaus

Nicht viel länger als mein kleiner Finger.

Jetzt stellt sie sich als länger heraus.

Außerdem hat der Winter auch in diesem Jahr zu
früh eingesetzt

Anstatt am fünften November schon am dritten,
das ist das zweite Jahr jetzt.

Dieser Winter ist eine echt bolschewistische Kriegslist

Im Augenblick weiß ich z. B. überhaupt nicht mehr,
wo vorn und hinten ist.

Ich bin davon ausgegangen, daß der Stärkere siegt.

SCHWEYK: Und so ists auch gekommen.

*Er hat begonnen, mit den Füßen zu stampfen und
schlägt sich jetzt den Rumpf mit den Armen, da es ihn
stark friert.*

HITLER:

Herr Schweyk, wenn das Dritte Reich unterliegt

Waren nur die Naturgewalten schuld an dem Mißgeschick.

SCHWEYK:

Ja, ich her, der Winter und der Bolschewik.

HITLER *setzt zu langer Erklärung an:*

Die Geschichte lehrt, es heißt: Ost oder West.

Schon als Hermann, der Cherusker ...

SCHWEYK:

Erklärens mir das lieber aufm Weg, sonst gefriern
wir hier noch fest.

103

HITLER:
Schön. Dann vorwärts.

SCHWEYK:
                              Aber wo soll ich mit Ihnen hin?

HITLER:
Versuchen wirs mit dem Norden.

Sie stoßen ein paar Schritte nach Norden vor.

SCHWEYK:
                              Da is Schnee bis zum Kinn.

HITLER:
Dann nach Süden!

Sie stoßen ein paar Schritte nach Süden vor.

SCHWEYK *bleibt stehen, pfeift:*
                              Da sind die Berge von Toten.

HITLER:
Dann stoß ich nach Osten.

Sie stoßen ein paar Schritte nach Osten vor.

SCHWEYK *bleibt stehen, pfeift:*
                              Da stehen die Roten.

HITLER:
Richtig.

SCHWEYK:
              Vielleicht gehn wir nach Haus? Das hätt doch
                                            einen Sinn.

HITLER:
Da steht mein deutsches Volk. Da kann ich nicht hin.

Hitler tritt schnell hintereinander nach allen Richtungen. Schweyk pfeift ihn immer zurück.

HITLER:
Nach Osten. Nach Westen. Nach Süden. Nach Nord.
SCHWEYK:
Sie können nicht hierbleiben. Und Sie können nicht
fort.

*Hitlers Bewegungen nach allen Richtungen werden
schneller.*

SCHWEYK *fängt an zu singen:*
Ja, du kannst nicht zurück und kannst nicht nach
vorn.
Du bist obn bankrott und bist untn verlorn.
Und der Ostwind is dir kalt und der Bodn is dir
heiß
Und ich sags dir ganz offen, daß ich nur noch nicht
weiß
Ob ich auf dich jetzt schieß oder fort auf dich scheiß.

*Hitlers verzweifelte Ausfälle sind in einen wilden
Tanz übergegangen.*

CHOR ALLER SPIELER
die ihre Masken abnehmen und an die Rampe gehen:

DAS LIED VON DER MOLDAU

Am Grunde der Moldau wandern die Steine.
Es liegen drei Kaiser begraben in Prag.
Das Große bleibt groß nicht und klein nicht das Kleine.
Die Nacht hat zwölf Stunden, dann kommt schon der
Tag.
Es wechseln die Zeiten. Die riesigen Pläne
Der Mächtigen kommen am Ende zum Halt.

Und gehn sie einher auch wie blutige Hähne
Es wechseln die Zeiten, da hilft kein Gewalt.

Am Grunde der Moldau wandern die Steine.
Es liegen drei Kaiser begraben in Prag.
Das Große bleibt groß nicht und klein nicht das Kleine.
Die Nacht hat zwölf Stunden, dann kommt schon der
Tag.

Bertolt Brecht
im Suhrkamp Verlag und
im Insel Verlag

Werke. Große kommentierte Berliner und Frankfurter Ausgabe. Dreißig Bände. Herausgegeben von Werner Hecht, Jan Knopf, Werner Mittenzwei und Klaus-Detlef Müller. Leinen und Leder. Gemeinschaftsausgabe des Aufbau-Verlages Berlin/Weimar und des Suhrkamp Verlages Frankfurt. (Die Bände erscheinen zwischen 1988 und 1992.)

Gesammelte Werke. 1967. Dünndruckausgabe in 8 Bänden. 2 Supplementbände. Herausgegeben vom Suhrkamp Verlag in Zusammenarbeit mit Elisabeth Hauptmann. Leinen und Leder

Gesammelte Werke. 1967. Werkausgabe in 20 Bänden. 4 Supplementbände. Textidentisch mit der Dünndruckausgabe. Leinenkaschiert

Einzelausgaben

Arbeitsjournal 1938–1955. Herausgegeben von Werner Hecht. Leinen (3 Bände) und leinenkaschiert (2 Bände)

Der aufhaltsame Aufstieg des Arturo Ui. es 144

Aufstieg und Fall der Stadt Mahagonny. Oper. es 21

Ausgewählte Gedichte. Auswahl von Siegfried Unseld. Nachwort von Walter Jens. es 86

Baal. Drei Fassungen. Kritisch ediert und kommentiert von Dieter Schmidt. es 170

Baal. Der böse Baal der asoziale. Texte, Varianten, Materialien. Kritisch ediert und kommentiert von Dieter Schmidt. es 248

Das Badener Lehrstück vom Einverständnis. Die Rundköpfe und die Spitzköpfe. Die Ausnahme und die Regel. Drei Lehrstücke. es 817

Die Bibel und andere frühe Einakter. BS 256

Briefe. 2 Bände. Herausgegeben und kommentiert von Günter Glaeser. Leinen

Der Brotladen. Ein Stückfragment. Bühnenfassung und Texte aus dem Fragment. es 339

Buckower Elegien. IB 810

Buckower Elegien. Mit Kommentaren von Jan Knopf. es 1397

Dialoge aus dem Messingkauf. BS 140

Die Dreigroschenoper. es 229

Bertolt Brechts Dreigroschenbuch. Texte. Materialien. Dokumente. 2 Bände. Herausgegeben von Siegfried Unseld. st 87

Einakter und Fragmente. es 449

Flüchtlingsgespräche. BS 63

Frühe Stücke. Baal. Trommeln in der Nacht. Im Dickicht der Städte. st 201

11/2/2.88

11/3/2.88

Bertolt Brecht
im Suhrkamp Verlag und
im Insel Verlag

11/4/2.88

Bertolt Brecht
im Suhrkamp Verlag und
im Insel Verlag

Zu Bertolt Brecht

Bertolt Brecht. Leben und Werk im Bild. Mit autobiographischen Texten, einer Zeittafel und einem Essay von Lion Feuchtwanger. it 406

Bertolt Brecht. Sein Leben in Bildern und Texten. Mit einem Vorwort von Max Frisch. Herausgegeben von Werner Hecht. Leinen und it 1122

Walter Benjamin: Versuche über Brecht. Herausgegeben und mit einem Nachwort versehen von Rolf Tiedemann. es 172

Walter Brecht: Unser Leben in Augsburg, damals. Erinnerungen. Leinen und st 1368

Frederic Ewen: Bertolt Brecht. Sein Leben, sein Werk, seine Zeit. Deutsch von Hans-Peter Baum und Klaus-Dietrich Petersen. st 141

Werner Hecht: Sieben Studien über Brecht. es 570

Wolfgang Jeske: Bertolt Brechts Poetik des Romans. Kartoniert

Joachim Lucchesi/Ronald K. Shull: Musik bei Brecht. Leinen

James K. Lyon: Bertolt Brecht in Amerika. Aus dem Amerikanischen von Traute M. Marshall. Leinen

- Bertolt Brecht und Rudyard Kipling. es 804

- Bertolt Brechts Gedichte. Eine Chronologie. Kartoniert

Hans Mayer: Anmerkungen zu Brecht. es 143

Werner Mittenzwei: Das Leben des Bertolt Brecht oder Der Umgang mit den Welträtseln. Leinen

Carl Pietzcker: Die Lyrik des jungen Brecht. Vom anarchischen Nihilismus zum Marxismus. Kartoniert

Ernst und Renate Schumacher: Leben Brechts in Wort und Bild. Leinen

11/5/2.88

Deutsche Literatur
in der edition suhrkamp:
Drama

301/3/5.88

Deutsche Literatur
in der edition suhrkamp:
Prosa

Deutsche Literatur
in der edition suhrkamp:
Prosa

Deutsche Literatur
in der edition suhrkamp:
Prosa

300/3/5.88

Deutsche Literatur
in der edition suhrkamp:
Lyrik

302/1/5.88

Philosophie
in der edition suhrkamp

Philosophie
in der edition suhrkamp

Philosophie
in der edition suhrkamp

304/3/5.88

Soziologie, Ethnologie, Anthropologie
in der edition suhrkamp

Soziologie, Ethnologie, Anthropologie
in der edition suhrkamp

305/2/5.88

Soziologie, Ethnologie, Anthropologie
in der edition suhrkamp

Soziologie, Ethnologie, Anthropologie
in der edition suhrkamp

305/4/5.88

Soziologie, Ethnologie, Anthropologie
in der edition suhrkamp

305/5/5.88